U0143382

数智时代

AI应用与地方政府智能治理

叶岚 著

上海人民出版社

表目录

陷与能力不足是导致智能化失灵的深层原因。算法社会的数据安全治理已不容回避,从"控制"迈向"合作"是基本趋势,但合作监管能力不足和元监管缺位是数据安全风险防范难的主要原因。

本书指出,制度与技术不匹配是当前制约人工智能应用赋能地方政府智能化治理成效的重要影响因素之一。一方面,地方政府制度化不足与制度结构不合理并存。国家层面的制度安排能够体现总体性战略部署和细分领域应用创新相结合的特点,但地方层面只有少量地方规范性文件,大量智能化治理实践通过地方工作文件来推进并且以项目化形式为主。地方政府缺乏主动性、全局性和统筹性较强的制度安排,并且政策重心偏向新旧动能转换、产业发展等经济性目标,缺乏智慧社会建设目标下的专门制度设计。另一方面,人工智能应用赋能地方政府智能化治理面临四大技术瓶颈,包括缺乏适用于复杂场景的通用技术,智能技术预测能力较弱,可信赖的人工智能技术尚未普及以及技术的反向跨界迁移较为罕见。这些共同导致人工智能应用在推进地方政府智能化治理中仅发挥了局部优化和边缘改进作用,并未形成超脱于传统科层架构弊病的政府创新和治理变革。

本书指出,风险与应用的内在紧张是弱人工智能时代诸多地方政府采取跟随型策略的重要影响因素,这制约了地方政府智能化治理效能的最大发挥。人工智能应用存在四大主要风险形态:一是由数据安全、信息安全、网络安全和使用者安全风险等共同构成的基础安全风险;二是由算法不可解释性、机器行为扭曲、算法偏见和算法漏洞等带来的算法安全风险;三是由技术性失业、社会心理问题和人工智能技术对价值观和道德判断的排挤等造成的社会安全风险;四是由制度完备性滞后、议题操纵和技术监管困境等导致的治理体系风险。显然,地方政府已经意识到智能化治理会带来不确定性,后者会影响甚至抵消人工智能应用带来的创新绩效。因此,外部压力而非内生动力成为地方政府采纳人工智能技术的主要动因。但是,地方政府对风险防范的认知仍主要集中在数据安全和信息安全风险上,对算法安全风险和社会安全风险的前瞻性关注不够，基层工作人员安全风险意识和防范能力尤其薄弱。

基于美国、日本和新加坡的国际经验表明，实施人工智能监管框架、推动跨边界合作伙伴关系、以问题为导向设计应用场景、打造开放的人工智能生态等做法，对提升地方政府智能化治理水平具有重要意义。进一步地，技术善治在相当程度上取决于技术使用者的善知、善用与善行。重塑政府雇员智能治理能力谱系是强化地方智能化治理的内在驱动力。一是基于问题驱动原则、最小数据原则和单一场景原则强化获取数据的能力；二是善用大数据思维、场景构建和数据治理来提升分析数据的能力；三是强化态势研判、综合赋能、驱动决策和预防预测功能，激活运用数据的能力；四是通过强化风险防范、融入人文精神和厚实技术家底来夯实底层数据能力。面向未来，应构建以制度化规则驱动、人性化场景驱动、智能化组建驱动、平台化数据驱动和复合型人才驱动为关键要素的"敏捷—包容—负责"的地方政府智能化治理生态系统。

前　言

　　党的十八大以来,党中央高度重视以信息化推动国家治理体系和治理能力现代化。党的十九大报告提出建设数字中国、智慧社会,党的十九届四中全会提出"推进数字政府建设",党的十九届五中全会指出:"加强数字社会、数字政府建设,提升公共服务、社会治理等数字化智能化水平。"党的二十大报告强调"加快建设数字中国""打造宜居、韧性、智慧城市"。2020 年 3 月 31 日,习近平总书记在考察杭州城市大脑运营指挥中心时指出,推进国家治理体系和治理能力现代化,必须抓好城市治理体系和治理能力现代化。运用大数据、云计算、区块链、人工智能等前沿技术推动城市管理手段、管理模式、管理理念创新,从数字化到智能化再到智慧化,让城市更聪明一些、更智慧一些,是推动城市治理体系和治理能力现代化的必由之路,前景广阔。[1]2022 年 4 月 19 日,中央全面深化改革委员会第二十五次会议审议通过《关于加强数字政府建设的指导意见》,习近平总书记在主持会议时强调:"要全面贯彻网络强国战略,把数字技术广泛应用于政府管理服务,推动政府数字化、智能化运行,为推进国家治理体系和治理能力现代化提供有力支撑。"[2]

　　人工智能应用为创新地方政府智能化治理提供了多元化的解决方案。以计算机视觉、自然语言处理和深度学习等为代表的人工智能技术发展,催生了自助审批、智能办案、居家养老、语音随访、智能交通、物流配送、社会安防和犯

---

[1] 统筹推进疫情防控和经济社会发展工作　奋力实现今年经济社会发展目标任务[N]. 人民日报,2020-4-2.
[2] 习近平主持召开中央全面深化改革委员会第二十五次会议强调　加强数字政府建设推进省以下财政体制改革[N]. 人民日报,2022-4-20.

罪预测等丰富的应用场景，人工智能应用因而也被诸多地方政府视为提升治理效能的关键且颇具竞争力的核心技术工具之一。政府治理领域的人工智能研究集中出现于2016年之后，主要出现了理论畅想、经验验证和风险规制三类文献，但细分领域的文献规模较小。由于智能化治理中的人工智能应用仍属于地方性知识，未来在治理技术上聚焦人工智能，在治理活动上聚焦智能治理，在治理主体上聚焦地方政府，在治理场域上围绕城市来开展的实证研究将成为探索智能化治理影响因素和作用机制的重要突破口，本书致力于率先在该领域开展系统性论证和宏、中、微观层次的探索性研究。

本书综合运用浸入式观察、半结构化访谈法、政策文献计量法和问卷调查法等数据采集和分析方法，在梳理国家新一代人工智能创新发展试验区的目标、布局和特色的基础上，重点选取北京、上海、杭州、深圳等先发城市的城市运行和政务服务场景中的人工智能应用开展综合分析，并基于长期对市、区和街镇的浸入式观察，聚焦上海市城市治理领域开展案例深描，揭示人工智能应用赋能策略、成效特点、作用逻辑与深层诱因。同时，对科大讯飞、依图科技、商汤等多家人工智能企业以及联通、电信等提供政府智能化治理关联业务或平台的运营商开展半结构化访谈，了解项目承接方对政府人工智能项目的真实预期。此外，基于线上会议和远程连线等多种方式，比较了美国、日本和新加坡智能化治理的差异化特征，为深化本土智能化治理研究提供经验借鉴。

本书指出，人工智能应用有助于提高问题的可见度，加速治理需求与资源的匹配度，提高民众对治理过程的参与度，并通过释放人力资源、推动流程优化和提供增强方案等方式，优化资源配置、提升组织效率、优化决策结果，进而实现公共服务泛在化、城市治理精细化、组织运行高效化、政务服务便捷化和决策过程科学化。信息化和数字化是智能化的前提，明确责任有助于推进治理效能，但组织壁垒、利益壁垒、数据壁垒、数字素养不高、数据安全不可控等均限制了治理效能的提升，使感知的效能水平低于制度愿景。技术角逐背后的平台分割与体制博弈，技术扩散背后的商业与治理逻辑交锋，应用牵引背后的机制缺

目　录

图目录

导　论

政府智能化治理是世界多国提升政府治理水平的重要内容,人工智能应用为创新地方政府智能化治理提供了多元化的解决方案,已在提升政府城市管理、民生保障和公共安全等方面表现出积极作用。但人工智能应用所面临的技术门槛、数据安全、算法伦理和隐私保护等困境也会消解其对地方政府智能化治理的增益。本章将在系统梳理我国人工智能政策和地方政府智能化治理的最新实践的基础上,回溯研究的理论起源,厘清研究的实施边界。

第一节　人工智能应用的政策背景

一、 国家人工智能政策及其特点

系统梳理人工智能应用的政策背景与智能化治理的政策脉络,有助于了解人工智能应用对地方政府智能化治理的叙事起点。近年来,国家和地方层面相继出台了人工智能相关政策,制度体系不断完善。国家层面的制度安排包括总体性战略部署和细分领域应用创新(见表0-1)。具体而言,国家层面的总体性战略部署主要分为三大部分:

第一,以"＋人工智能"的形式在其他领域发展规划中提出人工智能发展的早期规划,主要集中在 2013 年至 2016 年期间。如在物联网、大数据、"互联网＋"、中国制造 2025 等相关制度安排中部署人工智能发展等。[1]其中,2016 年国家

---

[1]　此外,2013 年 2 月国务院《关于推进物联网有序健康发展的指导意见》、2015 年 5 月国务院《中国制造 2025》、2015 年 7 月国务院《关于积极推进"互联网＋"行动的指导意见》、2015 年 8 月国务院《促进大数据发展行动纲要》已经有所涉及人工智能领域并对人工智能技术和应用作出早期规划。

表 0-1　人工智能应用驱动智能化治理的国家政策安排

发布主体	出台时间	政策名称	相关政策目标
综合性			
国家发改委、科技部、工信部和中央网信办	2016 年 5 月	《"互联网＋"人工智能三年行动实施方案》（发改高技〔2016〕1078 号）	指出打造人工智能基础资源和创新平台，突破人工智能核心技术，支持人工智能在教育、环境、交通、健康医疗、社会治理等领域的应用试点示范，提升经济社会智能化水平
工信部、国家发改委	2016 年 9 月	《智能硬件产业创新发展专项行动（2016—2018）》（工信部联电子〔2016〕302 号）	提出以推动终端产品及应用系统智能化为主线，着力强化技术攻关，突破基础软硬件、核心算法与分析预测模型、先进工业设计及关键应用，提高智能硬件创新能力
国务院	2017 年 7 月	《新一代人工智能发展规划》（国发〔2017〕35 号）	明确提出"抢抓人工智能发展的重大战略机遇，构筑我国人工智能发展的先发优势"等要求；对人工智能在教育、医疗、养老、环境保护、城市运行、司法服务等公共管理和服务领域的感知、预测、预警作用提出较高期望
工信部	2017 年 12 月	《促进新一代人工智能产业发展三年行动计划（2018—2020 年）》（工信部科〔2017〕315 号）	旨在推动人工智能与实体经济深度融合
教育部	2018 年 4 月	《高等学校人工智能创新行动计划》（教技〔2018〕3 号）	旨在强化人工智能前瞻性基础研究、引领性原创成果，强化高校在人工智能人才培养、科技创新、技术应用、学科发展和国际交流中的核心作用，为智能社会建设提供战略支撑
中央全面深化改革委员会	2019 年 3 月	《关于促进人工智能和实体经济深度融合的指导意见》	提出促进人工智能和实体经济深度融合，构建数据驱动、人机协同、跨界融合、共创分享的智能经济形态
人力资源和社会保障部办公厅、市场监管总局办公厅、统计局办公室	2019 年 4 月	《人工智能工程技术人员等职业信息》（人社厅发〔2019〕48 号）	确定了人工智能工程技术人员等 13 个新职业信息，调整变更了 4 个职业（工种）信息，新增了 3 个工种信息

续表

发布主体	出台时间	政策名称	相关政策目标
综合性			
国家新一代人工智能治理专业委员会	2019年6月	《新一代人工智能治理原则——发展负责任的人工智能》	提出人工智能发展相关各方应遵循八项原则:和谐友好、公平公正、包容共享、尊重隐私、安全可控、共担责任、开放协作、敏捷治理
科技部	2019年8月	《国家新一代人工智能开放创新平台建设工作指引》(国科发高〔2019〕265号)	旨在充分发挥人工智能重点细分领域行业领军企业和研究机构的引领示范作用,持续输出人工智能核心研发能力和服务能力,使人工智能成为驱动实体经济建设和社会事业发展的新引擎
科技部	2019年8月	《国家新一代人工智能创新发展试验区建设工作指引》(国科发规〔2019〕298号)(已失效)	通过优势资源集聚,率先在创新发展试验区探索人工智能与经济社会、政府治理等深入融合的制度框架、体制机制与经验模式
	2020年9月	《国家新一代人工智能创新发展试验区建设工作指引(修订版)》(国科发规〔2020〕254号)	开展人工智能技术示范、政策实验和社会实验,包括探索智慧社会建设新路径等
国家标准化管理委员会、中央网信办、国家发改委、科技部、工业和信息化部	2020年7月	《国家新一代人工智能标准体系建设指南》(国标委联〔2020〕35号)	完善人工智能基础共性、伦理和安全隐私等方面的技术标准
教育部、国家发改委、财政部	2020年1月	《关于"双一流"建设高校促进学科融合　加快人工智能领域研究生培养的若干意见》(教研〔2020〕4号)	依托"双一流"建设,深化人工智能内涵,构建基础理论人才、"人工智能+X"复合型人才,加快培养勇闯"无人区"的高层次人才,构建赶超世界先进水平的人工智能人才培养体系
全国信息安全标准化技术委员会秘书处	2021年1月	《网络安全标准实践指南—人工智能伦理安全风险防范指引》(信安秘字〔2021〕2号)	防范人工智能伦理安全风险

发布主体	出台时间	政策名称	相关政策目标
分领域			
原卫生部	2009 年11 月	《人工智能辅助治疗技术管理规范(试行)》(卫办医政发〔2009〕197号)(失效)	对应用机器人手术系统辅助实施手术的做法制定最低技术审核要求
		《人工智能辅助诊断技术管理规范(试行)》(卫办医政发〔2009〕196号)(失效)	对基于人工智能理论开发、经临床试验验证有效的计算机辅助诊断软件及临床决策支持系统提供技术审核依据
工信部、国家发改委、财政部	2016 年3 月	《机器人产业发展规划(2016—2020 年)》(工信部联规〔2016〕109 号)	提出到"十三五"末,实现机器人关键零部件和高端产品重大突破,实现机器人质量可靠性、市场占有率和龙头企业竞争力大幅提升,形成较为完善的机器人产业体系;其中,服务机器人在助老助残、医疗康复等领域实现小批量生产及应用
教育部	2018 年8 月	实施人工智能助推教师队伍建设行动试点	率先在宁夏和北京外国语大学开展人工智能助推教师队伍建设试点,为教师提供智能助手和情境化学习资源,提升教师工作效能
	2021 年9 月	实施第二批人工智能助推教师队伍建设行动试点	决定在北京大学等单位实施,提出高等学校要重点推进四项工作,包括创建智能化教育环境,提升教师技术素养与应用能力,推进教师大数据建设与应用,服务地方教育教学改革与创新等
国家林业和草原局	2019 年11 月	《关于促进林业和草原人工智能发展的指导意见》(林信发〔2019〕105 号)	致力于发展"智慧林业"

续表

发布主体	出台时间	政策名称	相关政策目标
分领域			
国家发改委、中央网信办、科技部、工信部、公安部、财政部、自然资源部、住建部、交通运输部、商务部、市场监管总局	2020年2月	《智能汽车创新发展战略》（发改产业〔2020〕202号）	到2025年,中国标准智能汽车的技术创新、产业动态、基础设施、法规标准、产品监管和网络安全体系基本形成。智能交通系统和智慧城市相关基础设施取得积极进展,LTE-V2X无线通信网络实现区域覆盖,5G-V2X新一代车用无线通信网络在部分城市、高速公路逐步开展应用,助力制造强国、科技强国、智慧社会和国家综合实力提升
国家药监局	2021年7月	《人工智能医用软件产品分类界定指导原则》（国家药监局通告2021年第47号）	用于规范基于医疗器械数据,采用人工智能技术实现其医疗用途的独立软件

资料来源:根据公开资料整理。

发改委、科技部、工信部和中央网信办联合发布的《"互联网＋"人工智能三年行动实施方案》在"互联网＋"人工智能领域率先开展聚焦于人工智能的制度探索。

第二,聚焦新一代人工智能制定专门的发展规划及配套制度。2017年国务院《新一代人工智能发展规划》将发展新一代人工智能上升为国家战略。此后,相关部委和机构围绕新一代人工智能产业发展、人工智能基础学科和人才培养体系、职业（工种）信息变化、开放创新平台、创新发展试验区、治理原则、标准体系、人才培养体系和伦理安全风险防范等陆续制定出台相关政策,基本形成了新技术发展要素较为全面的总体性战略实施框架。

第三,党委、政府和专业性组织协同发力。在党的领导方面,《关于促进人工智能和实体经济深度融合的指导意见》是中央全面深化改革委员会发布的;

在中央政府方面,人工智能发展被纳入国家五年规划及专项规划,并被多次写入国务院政府工作报告;在专业性组织方面,《新一代人工智能治理原则——发展负责任的人工智能》的发布主体是同年成立的国家新一代人工智能治理专业委员会,该委员会的主任由大学教授担任。

在人工智能应用的细分领域,国家层面出现较早的是 2009 年原卫生部发布的两个部门规范性文件,这也是我国人工智能技术应用于公共领域最早的制度规范。尽管这两部规范涉足的面较窄且均已失效,但这是人工智能应用在医疗辅助领域的早期探索。2016 年,工信部等部委联合制定了机器人产业发展规划,率先从机器人领域启动人工智能分领域发展规划。其余细分领域的制度安排集中出现在 2018 年之后,是《新一代人工智能发展规划》在不同职能条线的具体落地。如教育部试点开展了人工智能助推教师队伍建设行动;国家林业和草原局启动人工智能助力"智慧林业"建设;国家发改委等 11 部委联合推动智能汽车创新发展,服务智能交通、智慧城市和智慧社会建设等。国家药监局对基于医疗数据的人工智能医用软件作出规范等。

总体上看,国家层面的制度安排具有五大突出特征:一是制定使我国在国际上居于人工智能优势地位的战略目标;二是初步形成我国新一代人工智能发展的总体性战略实施框架;三是将人工智能与实体经济深度融合和探索智慧社会建设作为两大目标,前者主要依靠市场力量发挥作用,后者需要依靠政府治理创新为主要引擎;四是明确一些需要重点发展的细分领域,如在智慧社会建设领域,重点关注人工智能对教育、医疗、养老、环境保护、城市运行、司法服务等公共领域的赋能作用;五是关乎人工智能治理原则、标准体系、安全风险防范等的制度规范不断完善。

二、 地方人工智能政策及其特点

在地方层面,各地人工智能政策制定情况差异较大(见图 0-1)。总体上看,在已经制定人工智能相关政策的地区,地方工作文件占比较大,地方规范性文

件数量较少。同时,2016 年至 2021 年间,历年新增地方规范性文件数量呈现先
上升后下降的走势(见图 0-2)。

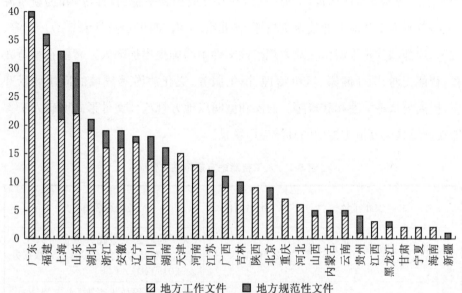

图 0-1　各地人工智能政策文件数量

资料来源:根据公开资料整理。

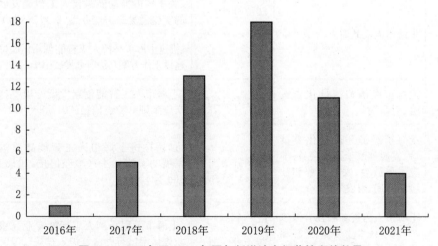

图 0-2　2016 年至 2021 年历年新增地方规范性文件数量

资料来源:根据公开资料整理。

从内容上看，地方规范性文件主要侧重人工智能产业发展或智能产业集聚（北京、上海、安徽、山东、山西、辽宁、吉林、黑龙江、福建、广东、广西、甘肃、新疆等），人工智能试验区建设（上海、杭州等），开放创新平台（长沙等）和创新策源（上海等），人工智能专业技术资格评价（北京、上海、四川）等（见表0-2）。上海、杭州、成都和苏州等城市在地方规范性文件中明确提出加强人工智能在智慧教育、智能交通、医疗健康、城市治理、民生服务、文化旅游等领域的应用场景开发，提高公众感受度和获得感。武汉和昆明以地方规范性文件形式明确人工智能在新冠肺炎疫情防控中的具体应用场景。

表0-2　人工智能地方规范性文件

地区	发布主体	出台时间	政策名称
北京	北京市大数据工作推进小组办公室	2019年10月	《关于通过公共数据开放促进人工智能产业发展的工作方案》（京大数据办发〔2019〕2号）
	北京市人力资源和社会保障局	2020年11月	《北京市工程技术系列（人工智能）专业技术资格评价试行办法》（京人社事业发〔2020〕30号）
上海	上海市人民政府	2017年10月	《关于本市推动新一代人工智能发展的实施意见》（沪府办发〔2017〕66号）
		2019年7月	《推进上海市马桥人工智能创新试验区建设工作方案》（沪府办发〔2019〕19号）
	上海市经济和信息化委员会、财政局	2017年12月	《上海市人工智能创新发展专项支持实施细则》（沪经信法〔2017〕896号）
	上海市经济和信息化委员会、发展和改革委员会、科学技术委员会、人力资源和社会保障局、财政局	2018年9月	《加快推进上海市人工智能高质量发展的实施办法》（沪经信技〔2018〕569号）
	上海市人力资源和社会保障局、科学技术委员会、经济和信息化委员会、住房和城乡建设管理委员会	2019年7月	《上海市工程系列人工智能专业高级职称认定试行办法》（沪人社规〔2019〕27号）

地区	发布主体	出台时间	政策名称
上海	上海市徐汇区人民政府	2017 年 12 月	《徐汇区关于建设人工智能产业集聚区的实施意见》（徐府办发〔2017〕36 号）
		2018 年 11 月	《关于建设人工智能发展新高地＋打造徐汇高质量发展新引擎的实施办法》（徐府办发〔2018〕22 号）
		2020 年 6 月	《徐汇区关于全面推进人工智能产业集群建设的实施意见》（徐府办发〔2020〕12 号）
	上海市长宁区人民政府	2018 年 6 月	《长宁区关于加快推进新一代人工智能产业集聚发展的若干政策意见》（长府规〔2018〕1 号）
	上海市闵行区人民政府	2018 年 8 月	《闵行区推动新一代人工智能产业发展的实施意见》（闵府规发〔2018〕4 号）
	上海市黄浦区人民政府	2019 年 10 月	《黄浦区关于加快新一代人工智能融合发展的实施意见》（黄府办发〔2019〕022 号）
	中国（上海）自由贸易试验区临港新片区管理委员会	2019 年 10 月	《中国（上海）自由贸易试验区临港新片区集聚发展人工智能产业若干措施》（沪自贸临管经〔2019〕14 号）
内蒙古	原内蒙古自治区卫生厅	2009 年 12 月	内蒙古自治区卫生厅转发《卫生部办公厅关于印发人工智能辅助诊断技术管理规范（试行）》的通知（内卫医字〔2009〕1174 号）
山西	晋城市发展和改革委员会、科学技术局、经济和信息化委员会、中共晋城市委网络安全和信息化领导小组办公室	2016 年 7 月	关于印发"互联网＋"人工智能三年行动实施方案》的通知（晋市发改财发〔2016〕268 号）
新疆	新疆生产建设兵团	2017 年 8 月	新疆生产建设兵团转发《国务院关于印发新一代人工智能发展规划的通知》的通知（新兵发〔2017〕40 号）

续表

地区	发布主体	出台时间	政策名称
吉林	吉林省人民政府	2017年12月	《吉林省人民政府关于落实新一代人工智能发展规划的实施意见》（吉政发〔2017〕34号）
	吉林市人民政府	2018年11月	《吉林市人民政府关于促进新一代人工智能产业发展的实施意见》（吉市政发〔2018〕15号）
福建	福建省人民政府	2018年3月	《福建省人民政府关于推动新一代人工智能加快发展的实施意见》（闽政〔2018〕5号）
	厦门市人民政府	2018年12月	《推动新一代人工智能产业发展若干措施》（厦府办〔2018〕233号）
甘肃	武威市人民政府	2018年12月	《武威市新一代人工智能发展实施方案》（武政办发〔2018〕250号）
贵州	贵州省人民政府	2018年6月	《贵州省人民政府关于促进大数据云计算人工智能创新发展加快建设数字贵州的意见》（黔府发〔2018〕14号）
	贵阳市人民政府	2018年2月	《贵阳市人工智能开放创新平台项目建设运营推进工作方案》（筑府办函〔2018〕27号）
辽宁	大连市人民政府	2019年7月	《大连市新一代人工智能发展规划》（大政发〔2019〕26号）
广东	广州南沙经济技术开发区管理委员会办公室、广州市南沙区人民政府	2019年9月	《广州南沙新区（自贸片区）促进人工智能产业发展扶持办法》（穗南开管规〔2019〕5号）
浙江	原浙江省卫生厅	2009年12月	关于转发卫生部办公厅印发《妇科内镜诊疗技术管理规范和人工智能辅助诊断技术管理规范（试行）》的通知（浙卫办医〔2009〕36号）
	杭州市人民政府	2019年12月	《杭州市建设国家新一代人工智能创新发展试验区若干政策》（杭政函〔2019〕114号）
	中共杭州市委、杭州市人民政府	2019年12月	《杭州市建设国家新一代人工智能创新发展试验区行动方案》（市委办发〔2019〕57号）

地区	发布主体	出台时间	政策名称
江苏	苏州市教育局	2021 年 5 月	《苏州市人工智能教育实验学校评选办法》(苏教宣信〔2021〕9 号)
安徽	安徽省人民政府	2020 年 3 月	《安徽省人民政府关于支持人工智能产业创新发展若干政策》(皖政〔2020〕14 号)
安徽	合肥市人民政府	2019 年 4 月	《合肥市人民政府关于加快推进新一代人工智能产业发展的实施意见》(合政〔2019〕45 号)
安徽	合肥市人民政府		《合肥市加快推进新一代人工智能产业发展若干政策》(合政办〔2019〕14 号)
山东	山东省人民政府	2019 年 5 月	《山东省人民政府关于大力推进"现代优势产业集群＋人工智能"的指导意见》(鲁政字〔2019〕84 号)
山东	日照市人民政府	2019 年 10 月	《日照市人民政府关于加快人工智能等新一代信息技术产业发展的实施意见》(日政字〔2019〕49 号)
山东	烟台市人民政府	2019 年 11 月	《烟台市人民政府关于推进"现代优势产业集群＋人工智能"的指导意见》(烟政字〔2019〕32 号)
山东	潍坊市人民政府	2019 年 12 月	《推进"现代优势产业集群＋人工智能"实施方案》(潍政发〔2019〕12 号)
山东	威海市人民政府	2019 年 12 月	《关于大力推进"现代优势产业集群＋人工智能＋互联网"的实施方案》(威政字〔2019〕87 号)
山东	威海市人民政府办公室	2020 年 8 月	《威海市推进工业互联网和人工智能加快发展实施方案》(威政办发〔2020〕5 号)
山东	济南市人民政府	2020 年 6 月	《济南国家新一代人工智能创新发展试验区建设若干政策》(济政字〔2020〕39 号)

地区	发布主体	出台时间	政策名称
山东	青岛市教育局	2020年8月	《青岛市人工智能教育实施意见》（青教通字〔2020〕66号）
山东	淄博市人民政府	2020年12月	《关于加快工业互联网、人工智能等新一代信息技术与制造业融合发展的若干政策措施》（淄政办发〔2020〕11号）
云南	昆明市应对新型冠状病毒感染肺炎疫情工作领导小组指挥部	2020年2月	《昆明市运用大数据人工智能数字技术支撑服务疫情防控和企业复工复产实施方案》（昆明市应对新冠肺炎疫情工作领导小组指挥部办公室）
湖南	长沙市人民政府	2018年4月	《长沙市人民政府办公厅印发关于加快新一代人工智能产业发展推动国家智能制造中心建设若干政策的通知》（长政办发〔2018〕18号）
湖南	长沙市人民政府	2019年6月	《长沙市人民政府办公厅关于进一步促进人工智能产业发展的意见》（长政办发〔2019〕17号）
湖南	长沙市科学技术局、财政局	2021年11月	《长沙市新一代人工智能开放创新平台认定管理暂行办法》（长科发〔2021〕36号）
湖北	鄂城区新型冠状病毒感染的肺炎防控指挥部	2020年2月	《鄂城区新冠肺炎防控指挥部关于在新冠肺炎疫情防控中应用人工智能语音随访系统开展筛查的通告》（鄂城区新冠肺炎防控指挥部通告第9号）
湖北	武汉市人民政府	2021年1月	《武汉市人民政府关于印发武汉国家新一代人工智能创新发展试验区建设若干政策的通知》（武政规〔2021〕1号）
黑龙江	七台河市人民政府	2021年4月	《七台河市人民政府关于促进新一代人工智能发展的实施意见》（七政发〔2021〕5号）
四川	四川省大数据中心、人力资源和社会保障厅	2020年8月	《四川省大数据与人工智能专业职称申报评审基本条件（试行）》（川数中心发〔2020〕9号）

续表

地区	发布主体	出台时间	政策名称
四川	成都市人民政府	2018 年 5 月	《成都市人民政府办公厅关于推动新一代人工智能发展的实施意见》(成办发〔2018〕18 号)
		2019 年 2 月	《成都市加快人工智能产业发展专项政策》(成办函〔2019〕15 号)
	成都市经济和信息化局、财政局	2020 年 2 月	《成都市加快人工智能产业发展专项政策实施细则》(成经信财〔2020〕4 号)
广西	广西壮族自治区人民政府	2018 年 4 月	《广西壮族自治区人民政府关于贯彻落实新一代人工智能发展规划的实施意见》(桂政发〔2018〕24 号)
	广西壮族自治区科学技术厅、工业和信息化厅、大数据发展局	2021 年 5 月	《广西人工智能产业协同创新实施方案》(桂科高字〔2021〕104 号)

资料来源：根据公开资料整理。

综上所述，发展人工智能是我国的国家战略，人工智能发展在宏观层面的两大目标是促进经济发展和建设智慧社会。"十三五"期间，国家和地方层面的人工智能政策体系不断丰富完善，为人工智能技术攻坚、产业发展和应用拓展提供了更为有力的政策支撑。国家层面已经在制度上初步形成了总体性战略实施框架，但地方层面的制度建设极不均衡，政策重心主要在经济新旧动能转换、人工智能产业发展等领域，缺乏智慧社会建设领域的专门制度设计。地方政府智能化治理实践主要通过地方工作文件来推进，以项目化的形式为主，缺乏主动性、全局性和统筹性较强的制度安排，现阶段尚留有较大的政策设计空间。

第二节　地方智能治理的最新实践

一、　建设人工智能创新发展试验区

在 2019 年至 2021 年期间，全国已有 18 个地区被列入国家新一代人工智

能创新发展试验区(见表0-3),涵盖全部4个直辖市,13个地级市和1个县。试验区建设立足京津冀(北京、天津)、长三角(上海、杭州、合肥、苏州)、粤港澳大湾区(深圳、广州)、成渝地区双城经济圈(重庆、成都)、长江经济带(武汉、长沙)、黄河流域(郑州)、东北老工业基地(沈阳、哈尔滨)以及乡村振兴(德清)、新旧动能转换(济南)和"一带一路"建设(西安)等国家和区域发展战略,体现了东、中、西部不同城市的发展特点,有利于发挥不同地区人工智能技术优势,并开展更为丰富的政策实验和社会实验。同时,试验区均需在人工智能发展的路径创新、机制创新、制度创新乃至生态创新等方面有所探索。

表 0-3　国家新一代人工智能创新发展试验区

年份	地区	目　标	主　要　特　色
2019 年	北京	发挥在推动京津冀协同发展、示范带动全国人工智能创新发展方面的重要作用	打造全球人工智能技术创新策源地
	上海	发挥在建设具有全球影响力的科技创新中心、推动长三角一体化发展、带动全国人工智能健康发展方面的重要作用	促进人工智能与经济社会发展深度融合
	天津	示范带动京津冀区域协同发展及全国人工智能发展,力争成为人工智能应用创新的先锋城市	在产业智能化升级、城市智能运营和社会智能治理等领域,形成一批应用解决方案
	广东省深圳市	引领带动粤港澳大湾区智能经济和智能社会发展	打造具有国际竞争力的人工智能创新高地
	浙江省杭州市	发挥在引领浙江数字化转型、全方位融入长三角一体化发展中的重要作用	加强人工智能基础研究和关键核心技术的研发,开展重大创新成果应用示范,打造人工智能产业聚集高地,壮大数字经济
	安徽省合肥市	发挥在建设综合性国家科学中心、深度融入长三角一体化发展等方面的重要作用	强化人工智能基础前沿理论和关键核心技术的研发部署,加强人工智能基础设施和创新平台建设,在具有产业优势的细分领域加强应用示范,培育一批龙头骨干企业和科技型中小企业

年份	地区	目　　标	主　要　特　色
2019 年	浙江省德清县	探索人工智能引领县域经济高质量发展、支持乡村振兴战略的新模式,发挥对全国县域人工智能创新发展的示范带动作用	发挥自动驾驶、智能农业、县域智能治理等方面的优势,健全智能化基础设施,以特色应用为牵引推进人工智能技术研发和成果转化应用
2020 年	重庆	发挥人工智能在重庆市建设西部大开发战略支点和国家中心城市中的重要作用,有力推动成渝地区双城经济圈创新发展	聚焦智能制造、智慧城市重点领域加强技术集成和应用示范;培育壮大人工智能硬件、机器人等产业,充分发挥人工智能在传统工业基地改造升级中的作用;开展智慧旅游、智慧物流、智慧交通、智慧生态保护应用示范,打造具有山城特色场景的智慧城市
	四川省成都市	充分发挥人工智能在推动成都产业转型升级和民生改善中的重要作用,有力推动成渝地区双城经济圈创新发展	在智能空管、普惠金融、智慧医疗等场景加强应用示范,培育以行业融合应用为引领的人工智能新业态新模式,推动构建开放型产业体系
	陕西省西安市	发挥人工智能对西安高质量发展的支撑引领作用,有力促进"一带一路"建设	在先进制造、文创旅游、商贸物流等方面形成一批有效的行业解决方案,打造创新驱动发展的新引擎
	山东省济南市	发挥人工智能在推动济南市新旧动能转换中的重要作用	推动人工智能在制造、农业、交通等重大场景中的创新应用,促进传统产业智能化转型升级,培育壮大新动能
	广东省广州市	以人工智能激发广州"老城市新活力",示范引领粤港澳大湾区智能经济和智能社会发展	聚焦医疗健康、高端制造、汽车交通等重点领域加强技术集成和融合应用,提升产业智能化水平和国际竞争力
	湖北省武汉市	发挥人工智能在复工复产和提升城市韧性中的重要作用,更好示范带动中部地区和长江经济带高质量发展	在智能网联汽车、智能制造、智能数字设计与建造、智慧医疗等领域打造创新应用标杆,促进人工智能与实体经济、智慧城市、社会民生深度融合

续表

年份	地区	目标	主要特色
2021年	江苏省苏州市	发挥人工智能在赋能苏州经济转型和高质量发展中的重要作用，更好示范带动长三角一体化发展	聚焦工业互联网、工业机器人、装备制造等重点方向，促进人工智能与制造业深度融合；拓展应用场景，在生物医药、文化旅游、金融服务等领域打造人工智能创新应用标杆
	湖南省长沙市	发挥人工智能在促进长沙打造具有核心竞争力的科技创新高地中的重要作用，示范带动中部地区和长江经济带高质量发展	聚焦智能装备、智慧工厂、智能网联汽车等重点方向，深入挖掘算力、数据等优势资源，加强技术集成和应用示范，培育壮大智能产业集群
	河南省郑州市	发挥人工智能在郑州建设国家中心城市中的引领作用，有力支撑中部地区崛起、黄河流域生态保护和高质量发展	开展智能物流、智能制造、智慧农业等领域技术集成和创新应用，培育智能传感器、智能网联汽车等产业集群；强化人工智能技术在城市建设和管理中的应用，提升城市韧性和安全性
	辽宁省沈阳市	发挥人工智能对沈阳制造业转型升级和东北老工业基地全面振兴全方位振兴的辐射带动作用	攻克一批制约我国智能机器人、智能工厂、无人机、智能汽车等产业发展的"卡脖子"难题；在工业智能机器人、智能工厂应用、智能翻译等重点领域建成人工智能技术标准、服务体系和产业生态链，显著提升产业实力
	黑龙江省哈尔滨市	发挥人工智能在赋能哈尔滨高质量发展和东北老工业基地全面振兴全方位振兴中的重要作用	在智慧农业、智能制造等领域和寒地场景打造创新应用标杆，探索智能经济发展新模式；开展基于东北地区农业农村条件下的人工智能社会实验，探索乡村振兴和社会治理新路径

资料来源：根据公开资料整理。

总体上看，人工智能创新发展试验区建设具有三大特点：一是以技术应用而非理论攻坚为导向，注重挖掘多样化的技术应用场景，深化人工智能应用对经济、社会和生活领域的多维嵌入。二是凸显人工智能应用水平的多层次性。

其中,北京、上海和深圳等试验区以增强全球影响力和国际竞争力为目标;广州、武汉、苏州、长沙等试验区以区域示范带动为目标;德清县人工智能创新发展试验区以县域经济高质量发展和乡村振兴为目标;其余城市则多以聚焦各自特色或拉长"短板"发力。三是试验区人工智能应用范围十分广泛。综合性领域包括产业智能化、社会智能化和智慧城市等。具体应用涵盖智能网联汽车、无人机、智慧交通、智慧空管、工业智能机器人、智能设备、智能工厂、智能制造、智慧农业、智慧文创旅游、智慧商贸物流、智慧生态保护、智慧金融、智慧医疗和智能翻译等领域。

二、 人工智能的应用场景日益丰富

近年来,人工智能在全球各地政府智能化治理中的应用场景日渐增多,涉及公共安全(如预测犯罪)、公共管理(如智能交通)和公共服务(如陪护机器人)等多个领域,为智慧社会建设打下基础。中国在人工智能应用领域发展较快,在全球居于领先地位。通过表0-4能够直观了解人工智能技术在地方政府智能化治理中的诸多应用场景,也有助于了解人工智能应用的最新进展。具体而言,从技术赋能的领域上看,智能交通、安防、实名验证和医学影像识别等领域的人工智能技术应用较为成熟,且主要表现为综合性技术应用。人工智能在为老服务和教育服务等公共服务领域的应用还不够成熟,如尚未实现对居家养老需求的大规模回应,人工智能技术被应用于居家照护时面临着个人信息安全、伦理挑战和数字鸿沟等现实问题;在教育领域,"人工智能＋互联网"在实现个性化、定制式学习时,也可能放大教育不公平问题。此外,面对突如其来的新冠肺炎疫情,武汉、上海等虽有零星的人工智能技术应用,但实际发挥的作用有限。从技术发挥的作用看,较为成熟的人工智能应用场景主要以提升效率为最突出的绩效,在替代人力、节省人力、降低成本等方面的作用还不够凸显。从技术发展的限制看,人工智能应用才刚刚在可信赖算法、个人信息保护和伦理规范等方面迈出一小步,这也限制了人工智能技术在智能治理中拓展应用场景的速度和力度。

表 0-4 人工智能在地方政府智能化治理中的应用场景

技术基础	应用领域	示　例
计算机视觉技术	社会安防	用基于车牌识别技术的智能停车管理系统替代传统IC卡式停车收费管理系统，并搭配移动支付功能，能够避免停车取卡、收卡付费等环节，提升通行和管理效率
	实名验证	铁路系统运用人脸识别系统替代人工火车票实名验证，旅客只要刷身份证，系统就会自动识别、验证、匹配车票信息和人脸信息，核验通过旅客就能进站。该系统能够节省验票员人力，避免人工验票的差错率，缩短旅客单人次进站时间
	公共安全	人工智能技术对前端采集的公共图像进行自动化解析，把非结构化视频图像数据自动转化为准结构化或结构化数据，结合大数据分析，提供快速查询、预警预测和识别判断等功能，可被用于嫌疑人搜捕、失踪人员找回、危险区域和家庭安保等领域，缓解警力不足，提高警务效率
大数据＋算法模型＋机器学习	预测犯罪	如通过枪声感应器、城市摄像头、地点、嫌疑人历史作案数据、动作数据和携带武器情况等，分析嫌疑人的危险程度并预测其下一次犯罪（抢劫、入室盗窃、汽车盗窃、杀人等）可能发生的地点，从而优化警方的巡逻模式并帮助警方提前锁定"犯罪地点"和"嫌疑人"，实现"预防犯罪"，降低犯罪率的目的
关键词识别＋声纹识别＋机器学习	智能防电信诈骗系统	通过通话分析、关键词识别、意图识别、声纹识别和机器学习辅助电信诈骗预警、线索推送和电信诈骗劝阻
自然语言处理＋计算机视觉技术＋知识图谱＋深度学习	智能辅助办案	对单一证据、证据链和全案证据进行了校验、审查，形成可视化数据卷宗；建立案件人物社会关系、时间关系、地点、行踪、作案工具的来源和去向之间的逻辑关系，并形成案情全景图；自动推送同类案例，为办案人员提供量刑参考和知识索引等，提升办案效率，推动公检法无纸化、一体化办案
敏感词检测和识别	备案审查	立法工作人员需要1周左右的时间才能完成1个规范性文件审查，人工智能技术能够辅助开展地方规范性文件备案审查，帮助立法机关摆脱"只备案不审查"、被动审查、凭经验审查和人工审查效率不高等问题，减轻人工审查工作量

技术基础	应用领域	示　例
运动目标检测和识别	智能交通	可变车道自适应翻转功能系统可以通过事先埋设的感应设备获取车辆排队长度,当左转弯车辆长度达到一定程度后,标识直行的可变车道会转变成左转弯,降低左转弯车道的通行压力,整体通行效率可提升约20%
视频检测＋自适应决策	智能交通	自适应交通信号灯可以通过视频监测仪检测路口车流量状况,并将数据传送至智能红绿灯控制机箱,机箱将反应信号传送至信号灯,信号灯根据信号进行变换,能够缩短车辆的路口等待,减缓交通拥堵
视频检测＋热成像检测＋自适应决策	智能交通	行人密度与行人动态热成像检测器对多个等候区的行人进行计算,当行人过多时,交通信号灯会延长放行时间;行人过街预警立柱集成了行人闯红灯抓拍摄像机和定向扩音器,当出现行人闯红灯时,摄像机会实时抓拍并在大屏幕上显示,定向扩音器会自动发出语音提示
车路协同＋人工智能	智能交通	综合运用地感线圈、毫米波雷达、微波探头、摄像头、GPS等多种传感器探知汽车数据和环境数据,在本地终端进行实时计算,或上传至云端进行多源数据融合分析,形成自主化决策的车路协同网络,辅助驾驶员应对道路上突发事件和恶劣天气,让团雾极端天气下车辆也能安全通行
		"智慧车列"结合车路协同网络和人工智能技术,不同车型的智能网联车辆通过"软连接"组成车列,在公交专用道上保持匀速、协同运行;通过乘客预约制,实现运量大、速度快、点对点的运送
物联网＋智能算法＋饲喂机器人	养殖场巡检、环控、监控和饲喂	运用物联网设备感知环境参数,经过智能分析后,自动对风机、水帘、暖气等设备进行调节,保证养猪场温度、湿度、空气维持在最佳水平;一旦出现进食异常的猪,利用猪脸识别算法快速关联这头猪的生长信息、免疫信息、实时身体状况等,运用智能算法快速找到异常原因,让饲养员"对症下药";运用饲喂机器人和智能伸缩猪栏等设备,精准调控每头猪的进食量,避免"多吃多占"和生长不均衡。该系统能够让大中型养殖企业降低人工成本30%以上,节省饲料8%以上,出栏时间缩短5天以上

技术基础	应用领域	示　　例
自然语言处理＋电话机器人	人工智能语音随访系统	综合运用自然语言处理、智能外呼、智能分析记录等技术，人工智能机器人可以通过自动拨打民众电话，就居民家庭人口、有无发热咳嗽症状和新冠肺炎密切接触史等情况进行询问调查，自动记录和生成数据，用于信息核实和大数据分析
语音识别＋物理机器人	居家养老陪护机器人	陪护机器人能够计算心率、呼吸频率等关键生命体征，还能够通过语音和面部表情识别人类的情绪并做出回应；陪护机器人可具有辅助进餐、辅助洗澡、辅助穿衣、辅助排泄、安全监护、人机交互和多媒体娱乐等功能，减轻护理人员劳动强度，满足老人的多层次需求
语音识别＋智能记录	自动生成庭审记录	语音识别设备将庭审笔录、裁判文书自动语音转换撰写成文，减少一线办案人员事务性工作压力
数据挖掘＋模式识别	智能养老	健康管理腕表可以对运动、心率、睡眠等进行持续监测，通过数据挖掘和模式识别，进行健康预警、运动指导，并帮助进行健康管理；智能床垫能够对卧床人员的体征状况和离床情况进行 24 小时监测，并自动进行异常报警
物理机器人	智能巡检机器人	智能化电网巡检机器人能克服传统人工对变电站、配电站的巡检不到位、巡检结果无法数字化的缺陷，避免人工巡检效率低、存在安全风险等问题
	科学新闻写作机器人	如首个跨语言科学新闻生成写作机器人"小柯"能够运用机器算法语言，以英文论文摘要作为基础，采用原创与二次创作相结合的混合创作方式，快速"写出"中文科学新闻底稿，再经人工审校和信息补充，实现快速向中国科研人员发布英文期刊资讯；"小柯"还能够通过融合领域知识进行语句智能筛选，选择适合大众理解的语句，发布科普报道
	物流配送机器人、无人机	运用无线电遥控设备、程序控制设备以及无人机装备等进行低空运送，减少人力运用成本，提升配送效率，实现无接触式配送，方便偏远地区配送。但无人机在长途跋涉（电池续航能力不足）和向非空旷区域（如居民楼绿植、晾衣架）投放物资时，会遇到较多挑战；无人机飞行也会受到风速影响

续表

技术基础	应用领域	示　例
物理机器人	智能导引机器人	智能导引机器人能够运用语音识别、文字识别和政策知识库,引导民众完成业务咨询、办理的引导,缓解现场工作人员人手不够的问题,分流政策咨询的工作量
人脸识别＋图像识别＋文字识别＋算法模型	无人干预自助审批	对高校应届毕业生引进和落户申报、新设立个体工商户审批等高频简单事项中,可引入智能审批,申请人在网上系统提交信息,由系统自动核查,若材料完整、信息无误,将直接完成自动审批,将极大节省人力并提高审批效率
物理机器人＋空间导航控制系统	智能手术机器人	微创外科手术中的智能手术机器人(如达·芬奇机器人)能够使外科医生无需站在手术台前操作,智能手术机器人的切口定位精准度误差可以控制在 1 毫米以内,病人出血很少;有助于避免传统手术中常见的出血量大、输血性传染风险等
图像识别＋大数据分析	医学影像识别	以某三甲医院肺结节筛查为例,放射科医生每天读取 4 万到 6 万张 CT 影像,数量极其庞大。而全国每年因影像诊断发生的误诊率大约是 27.8%,且误诊多发生在基层。图像识别技术结合大数据分析,能够 24 小时无疲劳诊断,减少医生阅片工作量,减少漏诊误诊问题
深度学习＋数据挖掘	新药研发	人工智能技术可以基于海量文献、专利产品和研究成果的分析挖掘,找到并确立新靶点;以虚拟筛选模拟实体筛选,建立药效模型,进行数据匹配,提高靶点筛选的成功率和速度;人工智能技术还可以快速改进分子缺陷,优化药物;并挖掘出分子药物对应的全部可能晶型,提升药物晶型预测效率;这都有助于改善新药研发耗时漫长、耗资巨大,结果不确定性大等缺陷
	药品不良事件预测	运用人工智能整合个体患者的数据,借助算法建模,评估患者所处的风险,有效预测不良药物事件
人脸关键点检测＋唇语识别＋语音合成	人工智能主播	如新华社发布的全球第一个人工智能主播——虚拟主持人邱浩,跟真人几乎没有差异,只要输入新闻文本,人工智能主播就能进行播报

资料来源:
① 之江实验室. 探路智慧社会:人工智能赋能社会治理[M]. 北京:中国科学技术出版社,2021.
② 上海市法学会、浙江清华长三角研究院. 世界人工智能法治蓝皮书. 上海:上海人民出版社,2019.
③ 互联网公开资料。

第三节 理论起源与研究边界界定

一、研究的理论起源

首先,从政府作用的理论起源出发,探讨政府为何要关联人工智能技术,地方政府为何以及何以运用人工智能实施智能化治理。自 17 世纪以来,以亚当·斯密、阿道夫·瓦格纳、约翰·凯恩斯等为代表的社会科学家的激烈论争以及人类所经历过的无数次大大小小的经济社会冲击,已经能够充分证明人类社会最终依赖市场"看不见的手"和政府"看得见的手"的共同作用。具体而言,在完全竞争市场上,"看不见的手"能够通过价格机制,自发实现效用最大化的资源配置,从而达到帕累托效率状态。但是,在人工智能等新技术领域往往存在"赢者通吃"现象,技术、资本、人才等稀缺资源大量向"头部"企业集聚,无法满足完全竞争市场所假设的每个参与者都非常小以至于不能影响价格和信息等理想条件。人工智能技术的开发利用存在高度的信息不完全和不对称现象(如算法黑箱),理想模型所假设的信息是完全的且对所有参与者都是平等公开的等条件在现实中无法被满足。数据超采滥用、新技术不断挑战伦理准则等现象层出不穷,真实世界中公共产品的市场供给缺陷、私人与社会的成本(或收益)相偏离的外部性问题、以逆向选择和道德风险为主要特点的信息不完全或信息不对称、自然垄断、失业和失衡等市场失灵问题不断出现,为政府和其他公共部门向社会筹集资金并出于满足全体社会成员需要来直接或间接提供产品和服务奠定了理论依据。这意味着政府不可能对人工智能技术"袖手旁观"。具体而言,在运用人工智能技术促进经济发展方面,政府既要支持产业发展,又要回应分配不公问题;在智慧社会建设方面,政府同样希望运用人工智能等新技术带来的难得契机触发治理革新。

其次,从人工智能技术演进的视角加以阐释。人工智能技术研究诞生于半个多世纪之前,标志性事件是 1956 年召开的达特茅斯会议。人工智能技术的商业化应用和社会价值的发挥只是近十余年的事，而人工智能应用涉足政府治理领域在中国更是近些年的事。互联网、大数据与人工智能技术的结合，是推动人工智能应用发挥治理价值的重要因素。换言之，人工智能应用是物联网、互联网和移动互联网技术高度普及、海量数据积累汇聚、计算机性能的倍速提升与成本的加速下降以及先进的算法开发与强大的计算能力综合作用的结果。中国"科技创新2030"将新一代人工智能基础理论、核心关键技术、智能芯片与系统纳入研究项目。经过半个多世纪的发展，人工智能经历了定理证明、专家系统和深度学习三次浪潮，发展出大脑研究和模拟技术路线以及以深度学习为代表的算法模型技术路线。截至2021年底，人工智能的运算智能完胜人类，运动感知智能水平与人类相当，认知智能与人类尚有差距。在第三次人工智能浪潮背景下，人工智能在治理领域的应用呈现出两大特点：第一，能够依托大规模数据和超强算力，实现垂直领域的深耕和优化，并实现水电煤式的赋能，但还没有形成应对复杂场景的通用人工智能技术。第二，从感知认知、提升效率到理解并科学预测是未来人工智能技术的攻克方向。在感知认知方面，主要表现为视觉、听觉、嗅觉和震感等方面的感知认知，在智能化治理中应用广泛，极大地增强了自动发现的能力，协同以往的政府部门主动发现与公众参与的被动发现形式，形成了基于治理空间的严密感知网络。但是，人工智能应用在智能理解并科学预测上的应用场景为数较少，技术供给模式与技术嵌入程度同政府智能化治理需要之间还存在较大"鸿沟"，亟待技术、理论与应用的多重突破。

二、研究的边界界定

中央和地方政府都能在智能化治理中发挥作用，但本书重点关注地方政府的作用。主要原因是地方政府拥有更为直接和微观的治理载体和对象，诸多智能化治理的场景率先从地方萌芽，中央也鼓励地方因地制宜开展智能化治理实践，等积累成熟经验后再复制推广。本书涉及的人工智能技术是指"人工智能＋互联网""人工智能＋大数据"等综合性人工智能技术。人工智能应用本身是在信息基础设施和人工智能技术基础上形成的，人工智能应用治理价值的发挥是建立在人工智能技术与治理问题"耦合"的基础上的。总体上看，人工智能应用对地方政府智能化治理的影响主要有两个维度：一是地方政府回应和解决人工智能应用带来的各种各样的市场失灵问题，通过政府干预在初次分配基础上进行再分配，更好促进社会公平；二是通过人工智能技术与政府治理问题的匹配和结合，提升地方政府治理效率，降低地方政府在治理过程中发生的扭曲，缩小地方政府向社会筹集的资金（主要指各式各样的财政收入来源）与最终用于满足全体社会成员需求的资金之间的差额。本书将涉足这两个维度的问题。诚然，人工智能应用对地方政府治理的嵌入是个全新事务，它可能只会让地方政府在原有赛道上做些边缘性改进，也可能会给地方政府带来全面而深刻的治理革新。从现阶段的发展水平看，弱人工智能更多只是在优化治理问题的解决过程，几乎不能触及治理问题本质。如教育领域的人工智能应用能够促进个性化学习和自主化阅卷，但并不能解决教育公平问题。面向未来，强人工智能将以何种方式到来、产生何种影响，尚缺乏实践的检验。此外，由于人工智能应用在地方政府治理中的应用规模尚较小，治理活动本身具有多目标性，治理价值很难完全通过货币化形式进行量化衡量，因此，本书对上述问题的探讨更多在事实挖掘和规律探索层面。

在软科学领域，人工智能应用的理论与实践研究有三大板块，分别是人工智能法学研究、人工智能国际治理研究与政府智能化治理转型研究。其中，人工智能法学研究较早关注到人工智能技术属性与社会属性的融合张力，形成了法律人工智能学和人工智能法学两个主要方向。法律人工智能学侧重在法学业务中使用人工智能技术，如智慧法院、智慧警务、智慧检务等；人工智能法学侧重回应人工智能带来的法律问题，如知识产权纠纷、侵权纠纷、合同纠纷、不正当竞争、窃取公民信息等。人工智能国际治理研究关注人工智能带来的现有国际治理体系的治理"真空"，希望各国在尊重科学、尊重事实、建立基本信任的基础上,寻找最大公约数,形成价值共识、完善治理分工、创新治理工具,共同致力于推动人类社会可持续发展目标的达成。2021 年 11 月 25 日,联合国教科文组织发布了《人工智能伦理问题建议书》,进一步推动了全球人工智能伦理框架、价值观和原则的形成。政府智能化治理转型是人工智能应用加快普及背景下极为值得关注的现象。相比于人工智能国际治理研究议题,政府智能化治理研究议题主要聚焦在中观基础性制度建设和微观组织与个体活动层次,但与前两大板块均存在交叉,这折射了人工智能开放性与多学科交叉性的基本特点。政府智能化治理研究与人工智能法学研究、人工智能国际治理研究本质上都是为了减少或消除不确定性问题。

　　类似地,政府智能化治理研究同样包含双重内涵(见图 0-3):一是对象论,即政府对人工智能进行治理,将人工智能或其产生的问题作为治理对象。人工智能会打破政治、经济、社会、文化和生态的旧有均衡,带来颠覆性的权力重配、产业革命、社会变革、文化重塑和生态环境保护模式;人工智能在解决诸多旧问题的同时,也会带来各种新问题,这就需要政府对新技术带来的新问题进行治理。如机器人对车间工人、翻译员、播音员等传统职业的高替代性将造成失业大幅增加,政府需要在"限制机器人进入"和"提高社会福利性支出"等不同策略间进行权衡决策。但这本质上是宏观经济调控策略,不同于政府自身革命及其

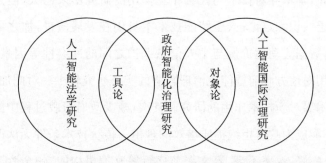

图 0-3　政府智能化治理研究对法学与国际治理研究的借鉴

　　注:政府智能化治理向法学借鉴"工具论",向国际治理借鉴"对象论"。但并不意味着法学研究不需要对象论,国际治理研究不需要工具论。

微观治理活动。二是工具论，即政府用人工智能实施治理，将人工智能作为治理工具。将人工智能作为一种重要的治理工具或解决方案，引入政府活动当中，使政府更加高效、精准地实现治理目标，这与法律人工智能学较为相似。如人工智能应用帮助政府实现了决策过程从以经验为主到以数据为支撑的转变，为精细化治理提供了技术支撑。现阶段，人工智能应用对政府智能化治理最突出的贡献是极大提升了工作效率。

值得说明的是，对技术施加治理并使其朝着有利于人的方向发展是人类社会的共识，也使得呼吁政府对技术施加治理的声音始终存在，这类问题高度曝光于聚光灯下，问题显示度和被关注度都很高。而且这些议题具有很强的跨学科特征，各个学科都在努力寻找破题方向，避免新技术带来不可逆转的损失。相反，政府内部用智能技术实施治理的做法近年才开始出现，这些实践对政府追赶经济社会深度信息化进程具有重要意义。但是，学术界的理论研究远远滞后于实践发展，迫切需要深入的理论分析与精准学理思考，对以政府智能化治理为特征的新一轮政府改革进行系统分析与提炼总结，并得出有意义的发现或贡献新的知识。因此，本书以"工具论分析为主，对象论分析为辅"，研究重点不在于技术有多新，而在于政府是如何适应技术并用好技术来提升善治效能。

综上所述，探讨人工智能应用对地方政府智能化治理的影响具有极其重要的意义。首先，学术界对技术与社会相互作用的研究由来已久，但是对新技术的作用仍缺乏共识和定论；人工智能技术本身仍在发展演进，加之可解释性算法尚不成熟，数据流动性价值与个人信息保护之间的冲突性等因素交织，使得人工智能应用对地方政府智能化治理影响的实证研究较少。对此加以探析，有助于深化学术界对新技术作用的研究。其次，减少政府行政过程中的扭曲并非易事，但这不能成为政府拒绝提质增效的理由。传统技术条件无法改变政府机构臃肿、人员膨胀、效率不高、繁文缛节盛行等官僚机构的"帕金森"病。那么，人工智能应用是否能够为更加扁平化、更具韧性、更加灵活、更为敏捷的行政组织和运作方式提供更为充分的技术储备和技术支撑？这需要更多的实证研究来作支撑。再次,本书将指出,人工智能应用对地方政府智能化治理的确带来了不可替代的积极影响,但这些影响目前还不是根本性的,理性看待这个事实有助于帮助决策者和执行者更加冷静地看待包括人工智能在内的各种新技术的有限功能和真实价值。最后,《孙子兵法·谋攻篇》记载:"知己知彼,百战不殆"。全球主要国家几乎都将人工智能纳入国家战略。技术是中性的,但是技术的使用者是有感情的;即便是在相同的人工智能技术条件下,人工智能应用也会因国情而异。因此,本书在靠后部分详细比较了美国、日本和新加坡等国在地方政府事权上的人工智能应用进展,以期为我国进一步优化地方政府智能化治理提供可能的经验借鉴和实践启发。

第一章

人工智能技术与治理前沿

社会科学家尤其是政府治理领域的学者如何看待人工智能及其对治理活动的影响？人工智能会对政治权力、治理结构、治理理念、治理工具和治理效果产生怎样的影响？人工智能应用将会带来哪些风险，具体表现是什么？如何重新认识人工智能技术的本质？本章基于文献综述提出未来亟待深化的研究主题，识别出理论畅想、经验验证和风险规制三大类文献，讨论了技术中立、工具理性和算法"黑箱"等关键问题，并提出了人工智能的七大技术特征。

第一节　智能治理研究：立足当下、面向未来

一、文献数量变化

有人认为，2016 年是中国人工智能元年。[1]事实上，在 2016 年之前，国内社会科学领域以人工智能为主题的研究论文十分稀少；2016 年至 2020 年期间，以"人工智能 & 规制""人工智能 & 监管""人工智能 & 治理""人工智能 & 政府"为主题的研究论文大量出现，文献量呈现快速上升趋势；但自 2021 年以来，国内学术界对人工智能的研究开始趋于理性，文献量稳中有降（见图 1-1）。这表明学术界对"新一代人工智能"的技术"狂热"正在消退，国内学术界对该领域的研究开始步入平稳理性阶段，这与外界对人工智能热度的感知比较吻合。

---

[1]《中国人力资本生态十年变迁白皮书（2011—2021）》[EB/OL]. (2021-6-23) [2022-5-19]. https://www.163.com/tech/article/GD62188200098IEO.html.

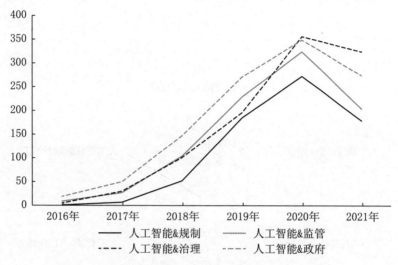

图 1-1　社会科学领域人工智能文献情况(2016—2021 年)

二、　研究主题识别

　　基于中国知网(CNKI)对"人工智能 & 地方政府""人工智能 & 政府治理""人工智能 & 智能治理""人工智能 & 智能化治理""人工智能 & 社会治理""人工智能 & 城市治理"等主题下的研究论文进行检索,发现这些主题下的学术文献并不多,并且主题热度存在差异。如图 1-2 所示,2016 年仅有 1 篇文献关注人工智能与政府治理;2017 年至 2021 年,人工智能与社会治理始终是文献量最多的领域,这与智慧社会建设目标相吻合;2019 年至 2021 年,人工智能与智能治理的文献量明显高于除人工智能与社会治理之外的其他主题领域,如果加上人工智能与智能化治理的研究论文,文献量还将进一步增加。与其他主题文献量进入平稳期或稍有回落不同,2016 年至 2021 年间人工智能与城市治理的文献量始终在增加,且 2020 年至 2021 年较以往年份增加较快,这响应了中央对"提升城市治理体系和治理能力现代化水平"的指示精神,也映射了地方政府有关"城市是主场"的提法。然而,人工智能与政府治理主题下的文献量从 2017 年开始被人工智能与社会治理超越,从 2018 年开始被人工智能与智能治理超

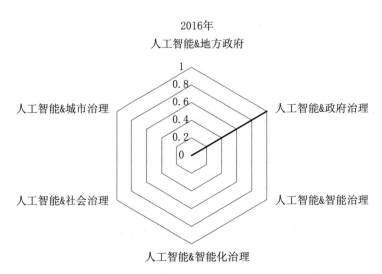

图 1-2(a) 社会科学领域人工智能文献分布(2016 年)

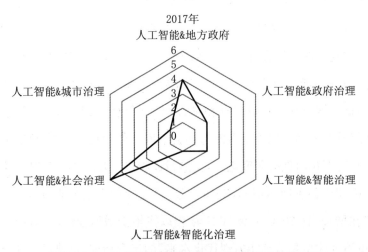

图 1-2(b) 社会科学领域人工智能文献分布(2017 年)

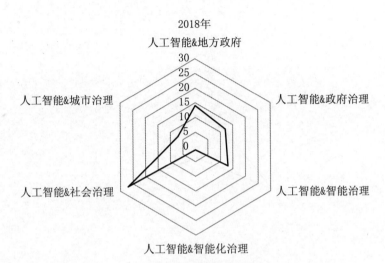

图 1-2(c)　社会科学领域人工智能文献分布(2018 年)

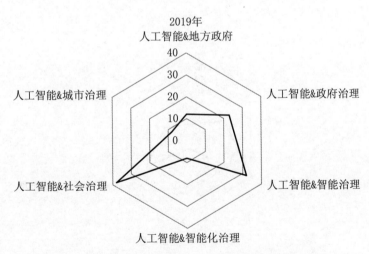

图 1-2(d)　社会科学领域人工智能文献分布(2019 年)

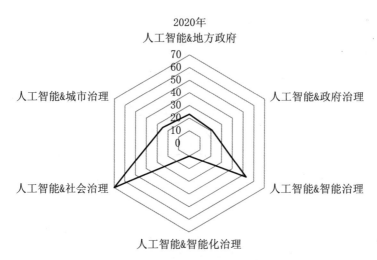

图 1-2(e)　社会科学领域人工智能文献分布(2020 年)

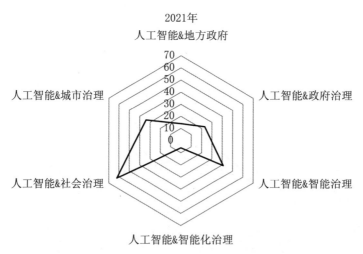

图 1-2(f)　社会科学领域人工智能文献分布(2021 年)

越，从 2020 年开始被人工智能与城市治理超越，且年文献量趋于平稳。以人工智能与地方政府为主题的文献量始终不多，2020 年到达峰值时也仅 23 篇，2021 年仅 14 篇。可能的原因是人工智能与政府治理、人工智能与地方政府的研究势必会涉及技术与组织、技术与制度等组织层面相对中观或微观的问题，而且随着理论与实践的不断碰撞，前期逻辑推演时的研究方法将逐步被更为扎实的实证研究所替代，而后者需要以长期嵌入式观察和大量一手数据作为支撑。

值得一提的是，从 2022 年 1 月至 4 月的新增文献来看，人工智能与智能治理的文献已有 22 篇，而人工智能与社会治理的文献仅 12 篇，人工智能与城市治理、人工智能与政府治理的文献各 6 篇，人工智能与地方政府的文献 1 篇，可见，人工智能与智能治理正在超越人工智能与社会治理并成为最为热门的研究主题，可能的原因是近些年人工智能应用在地方政府间快速扩散且一些地方的智能化治理效果初步显现，为该主题下的学术研究提供了丰富的观察场景和分析素材。需要附带说明的是，智能治理、智能化治理、治理智能化等关键词在各种文献中均有出现，本书认为这些提法的指向较为接近，不再对其进行细微区分。与此同时，由于地方政府是智能化治理最积极的行动者，城市为人工智能应用提供了最丰富的场景，可以认为现阶段人工智能在治理领域的应用仍属于地方性知识。由此推论，以"人工智能＋智能治理＋地方政府＋城市"为主题的研究值得重点突破，即在治理技术上聚焦人工智能，在治理活动上聚焦智能治理，在治理主体上聚焦地方政府，在治理场域上围绕城市展开。本书试图在该领域率先开展较为系统的探索性研究。

三、　研究类型识别

从内容上看，可以将现有文献划分为理论畅想、经验验证和风险规制三大类。第一，理论畅想类研究的出现。2017 年 5 月柯洁对弈阿尔法围棋（AlphaGo）惨败，很多人产生了人工智能"完胜"人脑的遐想，也引发了学术界关于人工智能治理的热烈讨论。然而，当时人工智能在地方政府治理中的应用才刚刚萌发，因此，早期人文社会科学领域学者对人工智能的探讨更多是超脱现实的哲学想象和思想辨析。

第二，经验验证类研究的出现。2019年之后，在中央和地方的人工智能政策体系不断完善，智慧社会建设目标和城市治理现代化目标和路径更加明确，地方政府对智能技术的采纳和创新扩散不断出现等因素的综合影响下，人工智能应用从产业领域向政务服务、公共服务、社会治理等公共治理领域广泛延伸，而最先"试水"智能化治理的地方政府已经经历了2—3年的实践发展，产生了初步效果，这些都为学术界提供了丰富的素材，推动了案例比较、量化分析等实证研究的陆续出现和逐渐增多。当然，目前国内学术界的经验验证类研究主要聚焦于政策创新扩散和国内外政策对比分析，深耕于特定细分领域或特定智能技术的实证研究偏少。

第三，风险规制类研究的出现。这类研究由来已久，数量较多且主要来自法学界的贡献。法学研究者最敏锐地捕捉到了人工智能技术对传统法律规制的挑战，形成了大量的著作和论文。但与此形成鲜明对比的是，公共管理学者和政策科学家对人工智能风险规制的研究"姗姗来迟"，实际贡献仍较为不足，这与其他领域规制研究的特点颇为相似。然而，法学研究更侧重于设计、制定和修正适应新技术的法律制度，而公共管理学者和政策科学家更关注政策执行和绩效评估等"微观"活动，两者分工不同，互为补充，因而持续强化公共管理学者和政策科学家对人工智能风险规制的研究，不仅有助于深化理论研究对智能治理实践困境的指引，而且有助于深化跨学科交流对话，进而为推动建立有助于造福全人类的人工智能风险规制体系贡献中国话语。

最后，无论是理论畅想类、经验验证类还是风险规制类研究，都具有较强的开放性、延展性和包容性。理论畅想类研究以"面向未来"为主要特征，不会随着经验验证类和风险规制类研究的出现而消失；经验验证类和风险规制类研究既"立足当下"，又"面向未来"，是对理论畅想类研究的回应和对话，三者相互影响、螺旋上升。此外，人工智能应用具有很强的跨学科属性，未来更多的智能治理研究需要运用跨学科交叉视角来协同推进。

第二节 理论畅想：人工智能影响的多重可能

社会科学尤其是政府治理领域的学者在畅想人工智能技术时，常常容易放大人工智能技术的功能和作用。人类需要对任何新事物都抱有足够的想象，以做好充分的准备，这无可厚非。因此，梳理这一阶段的研究成果，能够让理论界和实务界对未来人工智能技术的潜在影响抱有更多的合理想象和智能化憧憬。本节从人工智能对政治权力、治理结构、治理理念、治理工具和治理效果等维度梳理人工智能对政府治理的影响。

一、人工智能对政治权力的可能影响

从国家内部视角来看，不少学者认为人工智能会推动政治权力重构，但学术界对人工智能影响下的人类社会将更多走向"政治集权"还是"政治民主"没有定论。一方面，客观数据分析能够抽离政治领域的主观判断与情感因素，实现政治情感中立；[1]技术革命也能推动公众参与、民主协作并激发创新浪潮。[2]另一方面，网络公共领域实现了传播权的"去中心化"，但人工智能可能导致传播权的"再中心化"，社会陷入"数字围场"，个人困入"信息茧房"。[3]数据盲区会掩盖治理漏洞，数据垃圾会激化社会失序，数据病毒会放大伦理黑洞，"数据利维坦"会带来更多社会隔离和社会极化，民主政治将滑入技术功利主义的"陷阱"。[4]数据和算法寡头会与政府分享权力，或将人类社会推向智能寡

---

[1] 刘波.人工智能对现代政治的影响[J].人民论坛,2018(2):30—32.

[2] [美]达雷尔·M.韦斯特.下一次浪潮:信息通信技术驱动的社会与政治创新[M].廖毅敏,译.上海:远东出版社,2012.

[3] 张爱军,王首航.数字媒体在政治传播中的权力构建[J].河南社会科学,2020,28(4):110—118.

[4] 郑容坤,汪伟全.人工智能政治风险的意蕴与生成[J].江西社会科学,2020,40(5):217—225.

头集权或全民议会。[1]在技术独立性与国家对技术高依赖性的共同作用下，包括人工智能在内的新技术将成为继神授和民授之后的以自我授予形式存在的符合权力合法性特征的政治权力来源。[2]从国家外部视角来看，人工智能正在改变大国关系和国际权力，包括动摇大国的国际地位，改变货币发行权，打破军事攻防平衡等。[3]此外，强人工智能还可能超越工具属性而具备独立意志，从而成为新的权力主体和责任主体。[4]

二、 人工智能对治理结构的可能影响

人工智能对治理结构的影响包括对宏观治理结构和对微观治理结构的影响。对宏观治理结构的影响是指对政府以及政府以外的其他主体的网络关系的影响，对微观治理结构的影响是指对政府结构的影响。就宏观治理结构而言，李晓夏等提出现代化治理体系是人工智能与政治生态的叠加，而政治生态即政府、企业、社会和公众构成的治理网络及其开展的各项治理活动。[5]李水金构想未来适应"时—空—技术"跃迁的将是协作性强、反应灵活、包容审慎、兼容创新和风险防范的动态治理结构。[6]张龙辉等提出人工智能技术在特大城市边缘城区治理中发挥的主动发现、自主决策等作用，彰显了以"技术治理主体"形式存在的新型治理主体的出现。[7]

就微观治理结构而言，人工智能对政府结构的影响受两股力量的拉锯：一

[1] 岳楚炎. 人工智能革命与政府转型[J]. 自然辩证法通讯, 2019, 41(1): 21—25.
[2] 邓曦泽. 主体技术政治学论纲: 一种新型权力的诞生[J]. 江海学刊, 2021(5): 23—31.
[3] 唐新华. 技术政治时代的权力与战略[J]. 国际政治科学, 2021, 6(2): 59—89.
[4] 刘宪权. 人工智能时代的"内忧"与"外患". / 刘宪权. 人工智能: 刑法的时代挑战[M]. 上海: 上海人民出版社, 2018: 3—16.
[5] 李晓夏, 赵秀凤. 人工智能时代的"政府生态"治理现代化[J]. 电子政务, 2019(10): 89—98.
[6] 李水金. 2050年政府治理的新图景: 基于"时—空—技术"三维演化的视角[J]. 中共天津市委党校学报, 2020, 22(3): 76—85.
[7] 张龙辉, 肖克, 王寒. 人工智能应用下的特大城市边缘城区治理: 技术变革、价值隐忧与技术路径[J]. 电子政务, 2020(9): 15—28.

方面,政府在实现技术采纳时具有强烈的动机去钟爱那些能够提升能力和效率,但不会触碰到政治权力、行政体制等根本性问题的技术应用。[1]科层制结构、部门信息孤岛与政企协作低效等不利因素也限制了人工智能在政府治理模式变革中的作用。[2]另一方面,人工智能存在改变政府横向和纵向结构的可能性。横向上,人工智能提供了缩小政府规模的可能性并催生了协同网络。前者以替代行政管理体系中简单、重复、程式化的劳动等方式实现;[3]后者是因为政府无法凭借自身力量将智能算法整合入公共产品和服务供给中,由此催生了政府与高校等专业机构跨部门协同的技术开发网络。[4]协同网络与多元主体供给格局的形成,将使政府缩减直接提供公共服务和直接开展社会治理活动的职能,而是更加侧重提供制度供给来保障共治环境,政府结构也将随职能的变化而有所调整,这将有可能使政府走出机构膨胀的周期性循环。[5]何哲认为未来政府结构将从叠加式金字塔型结构转向高效、精简、两头强的"哑铃型"结构。[6]

三、 人工智能对治理理念的可能影响

人工智能深度应用面临着行政主体责任缺失,个人基本权利过多让渡,数据规则和算法模型在两难情景中作出违背人类伦理的选择等困

[1] [美]简·芳汀. 构建虚拟政府:信息技术与制度创新[M]. 邵国松,译. 北京:中国人民大学出版社,2010:19.
[2] 胡洪彬. 人工智能时代政府治理模式的变革与创新[J]. 学术界,2018(4):75—87.
[3] 岳楚炎. 人工智能革命与政府转型[J]. 自然辩证法通讯,2019,41(1):21—25.
[4] Mikhaylov, Slava Jankin, Marc Esteve, and Averill Campion. Artificial intelligence for the public sector: opportunities and challenges of cross-sector collaboration[J]. Philosophical Transactions of the Royal Society A: Mathematical, Physical & Engineering Sciences, 2018, 376(2128):1—21.
[5] 王锋. 智慧社会中的政府规模探究[J]. 南通大学学报(社会科学版),2019,35(3):50—56.
[6] 何哲. 新信息时代中央地方职能与纵向治理结构变革趋势探析[J]. 电子政务,2019(12):35—43.

境。[1][2][3]四个方面的因素可能或正在影响治理理念:第一,塑造更富人本主义精神的政府。人工智能将使政府职能向人本主义行政转变,通过责任政府建设等方式重新审视政府与公众关系。[4]人工智能将使隐性政务知识显性化,使政府克服知识匮乏问题,推动传统行政体制从暴力属性转向知识管理属性。[5]同时,人工智能将推动政府摒弃科层制束缚,寻求有助于信息交换、垂直整合与横向集成的扁平化治理模式,降低复杂技术的集成难度。[6]第二,行政文化创新。颜佳华等认为新技术将通过改变行政文化系统与外界的技术介质强化行政文化系统的开放性;通过改变传统行政实践的稳态来改变其精神表达;通过打破旧状态来催生新的认知强化和行为模式。[7]第三,正视责任困境。杨建武指出多重责任困境,包括因不对称委托代理增加而导致的责任规避增多,算法的不可解释性与模糊的因果关系所带来的问责难度增加,责任后果的不可把控性等。[8]第四,反思行政伦理。人工智能应用让学术界重新反思机器是否具有管理人的能力和权力,[9]反思技术主义的偏执和技术作为治理主体的合理性,[10]反思对"事实"建模会牺牲公共事务的特有规律、道德属性和内在公平。[11]基

[1] 何哲.面向未来的公共管理体系:基于智能网络时代的探析[J].中国行政管理,2017(11):100—106.

[2] 柳亦博.人工智能阴影下:政府大数据治理中的伦理困境[J].行政论坛,2018,25(3):97—103.

[3] 胡洪彬.人工智能时代政府治理模式的变革与创新[J].学术界,2018(4):75—87.

[4] 高小平.智能行政:行政管理体制改革的巨大动力[J].信息化建设,2006(7):32—34.

[5] 何哲.人工智能时代的政务智慧转型[J].北京行政学院学报,2018(1):52—59.

[6] Layne, Karen and Jungwoo Lee. Developing Fully Functional E-government: A Four Stage Model[J]. Government Information Quarterly 2001,18:122—136.

[7] 颜佳华,王张华.技术进步推动行政文化创新的作用机理研究——基于耗散结构理论的视角[J].吉首大学学报(社会科学版).2019,40(1):22—29.

[8] 杨建武.人工智能嵌入政府治理的责任困境及其政策纾解[J].西南民族大学学报(人文社会科学版),2022,43(4):192—200.

[9] 何哲.人工智能时代的社会转型与行政伦理:机器能否管理人?[J]电子政务,2017(11):2—10.

[10] 陈鹏.人工智能时代的政府治理:适应与转变[J].电子政务,2019(3):27—34.

[11] 张杰.人工智能时代大学教学伦理困境及其治理[J].重庆邮电大学学报(社会科学版),2021,33(6):89—96.

于此,人工智能时代迫切需要政府治理理念创新与政府治理思维方式变革,政府应当尽快形成隐私保护与数据安全解决机制,培养和吸引专业技术人才,培育专业性领导机制,逐步形成科学评估与伦理矫正机制;[1][2]通过伦理声明、伦理标准、伦理规范、伦理框架等,形成一种"可问责"的行政文化。[3]

四、 人工智能对治理工具创新的影响

人工智能及其关联技术借助全样本数据采集与低成本大计算让社会科学预测变得更加精准,显著提升了政府数据计算速度与准确性;人工智能技术发展使得物理空间、虚拟空间和人类空间互相映射,使社会风险动态监测预警、多因素科学决策、群体和个体实时分析、政府内部全程化权力监督等成为可能。[4][5]此外,政府的传统经济社会治理制度、规则、方式与人工智能背景下智能经济、智能社会的治理需求不相适应,尤其是缺乏面向算法和数据的治理方法,或在部分领域出现权力真空与权力模糊,迫切需要政府对经济社会的治理工具的调整与变革。[6]尤其是应当明确公民数据是政府治理的基础,公民数据所有权、控制权、处置权和发布权应交给公民个人。[7]基于"数据无善恶,数据使用者有善恶"的原则,政府有义务在算法中嵌入伦理规则,完善算法制定权与监督程序、数据资产开放共享、数据安全与价值分配、技术创新与社会风险平衡等,让道德伦理责任回归于人。[8][9]

---

[1] 陈振明. 政府治理变革的技术基础——大数据与智能化时代的政府改革述评[J]. 行政论坛,2015, 22(6):1—9.
[2] 胡洪彬. 人工智能时代政府治理模式的变革与创新[J]. 学术界,2018, (4):75—87.
[3] 之江实验室. 探路智慧社会[M]. 北京:中国科学技术出版社,2021:8.
[4] 胡税根,王汇宇. 智慧政府治理的概念、性质与功能分析[J]. 厦门大学学报(哲学社会科学版),2017(3):99—106.
[5] 胡洪彬. 人工智能时代政府治理模式的变革与创新[J]. 学术界,2018, (4):75—87.
[6] 杨述明. 新时代国家治理现代化的智能社会背景[J]. 江汉论坛. 2018(3):11—23.
[7] 阿莱克斯·彭特兰. 智慧社会:大数据与社会物理学[M]. 杭州:浙江人民出版社,2015.
[8] 贾开,蒋余浩. 人工智能治理的三个基本问题:技术逻辑、风险挑战与公共政策选择[J]. 中国行政管理,2017(10):40—45.
[9] 柳亦博. 人工智能阴影下:政府大数据治理中的伦理困境[J]. 行政论坛,2018, 25(3):97—103.

五、 人工智能对治理效果的可能影响

智能技术的发展或多或少都能在某些方面超越人类,因此表现出更高的治理绩效。按照学术界将人工智能划分为弱人工智能与强人工智能的区分方式,弱人工智能技术最突出的贡献是帮助化解了部分政府治理中的"痛点""堵点",并在提高科学决策,强化行政效率、提升预测水平与增强公共服务个性化水平等方面发挥了积极作用;[1]强人工智能技术则能通过不断增强的对复杂模糊环境的应变能力,在信息不完全的情况下进行综合判断和辩证分析,全面超越人类管理水平并替代或协助人类从事创造性工作。[2][3]

第三节 经验验证：实践创新与理性归纳并轨

基于"采纳—执行—评估"视角梳理经验验证阶段人工智能应用对地方政府智能化治理的影响的研究进展。

一、 人工智能技术采纳的研究进展

人工智能技术采纳研究主要涉及技术采纳的制度环境和技术采纳的影响因素。第一,技术采纳的制度环境。张伟等指出分权体制是地方政府运用人工智能技术的重要前提。[4]米加宁等指出我国地方政府的人工智能实践还处于"地方性知识"阶段。[5]第二,技术采纳的影响因素。王友奎等运用 TOE 框架

[1] 陈振明.政府治理变革的技术基础——大数据与智能化时代的政府改革述评[J].行政论坛.2015,22(6):1—9.
[2] 童天湘.论智能革命——高技术发展的社会影响[J].中国社会科学.1988(6):3—17.
[3] 何哲.面向未来的公共管理体系:基于智能网络时代的探析[J].中国行政管理,2017(11):100—106.
[4] 张伟,李国祥.环境分权体制下人工智能对环境污染治理的影响[J].陕西师范大学学报(哲学社会科学版),2021,50(3):121—129.
[5] 米加宁,章昌平,李大宇,徐磊."数字空间"政府及其研究纲领——第四次工业革命引致的政府形态变革[J].公共管理学报.2020,17(1):1—17+168.

(Technology-Organization-Environment,简称 TOE)、创新扩散理论和事件史分析方法(Event History Analysis,简称 EHA),发现地方政府门户网站是否采纳智能问答机器人受到电子政府建设水平、组织和机制保障等多重因素的影响,但主要取决于上级考核和同侪压力。[1]郭跃等关注到了个体技术采纳与组织技术采纳逻辑的异质性(理性人假设下的个体技术采纳遵循"效率逻辑",但该逻辑无法解释组织的"非理性行为"),并从组织技术采纳视角出发完成了双城案例比较,分析了资源效应和解释效应在地方政府技术采纳过程中的作用,回应了外部环境因素何以使不同城市采取差异化的人脸识别技术。[2]总体上看,现阶段关于人工智能技术采纳的实证研究不多,或是单一技术应用细分领域的观察,或是将城市政府作为整体分析单位的案例研讨,缺乏对特定地方政府层级和部门间互动关系的深描和内在机理的剖析。主要原因是人工智能在地方政府智能化治理中的应用尚处于起步阶段,理论研究又滞后于实践进展。随着人工智能社会实验的铺开,未来人工智能技术采纳的研究将会增加。

二、 人工智能技术执行的研究进展

人工智能技术执行研究关注地方政府和公务员群体两个不同层次。在地方政府层面,黄钰婷将 TOE 框架拓展为"技术—环境—组织—应用—服务"五个层次,运用模糊集定性比较分析法(fsQCA)对全国除港、澳、台外的 31 个省、市、自治区的数字政府建设要素组合进行研究,识别出三种路径:一是多管齐下引领型,即五个层次的要素均比较齐备,没有明显弱项,主要体现在北京、江苏、上海、广东、浙江和山东等地;二是核心要素主导型,主要核心要素包括服务层的网上服务能力、组织层的组织机构和规划文件,主要体现在贵州、广西

[1] 王友奎,赵雪娇,张楠. 政务服务中智能问答机器人创新扩散的影响因素研究——基于事件史分析[J]. 电子政务,2019(12):75—85.
[2] 郭跃,洪婧诗,何林晟. 政府采纳人脸识别技术的政策反馈解释:基于杭州与旧金山的案例比较[J]. 公共行政评论,2021,14(5):159—177＋200.

等西部经济欠发达地区；三是优势组合推进型，如福建等绝大多数省份符合这种特征。[1]该研究为探究组织技术采纳路径提供了思路和启示，但研究结果仅对半数省份适用，且仅是省级层面的静态研究，忽视了时间变量的作用。陈潭等从治理技术、行政伦理、科层法治和社会安全四个维度分析了人工智能应用对政府治理的影响，指出运用价值理性牵引技术理性，使用制度理性限制技术理性，通过技术理性实现治理理性的应对路径。[2]雷鸿竹等以智慧政府为研究对象，提出智慧政府遵循多元主体协同共生理念，强调政府、公众、技术公司、专家学者和其他组织等的整体之和大于局部的功能，强调"数据上云服务下沉"的运行模式，强调构建透明、高效和负责的新型政府。[3]蔡德发等指出人工智能在嵌入社区治理时，遭遇了社区软硬件基础偏弱，条线部门"各扫门前雪"，传统"全能型"管理方式积重难返等执行困境，亟待从主体、机制、资源整合和内容优化等方面加以完善。[4]

在公务员群体层面，韩梓轩等分析了在以人工智能等前沿技术的影响下，政府公共治理空间已经从传统的"物理—社会"二维空间向"物理—社会—数字"三维空间拓展，三重空间之前叠加、映射、关联，增加了治理空间的复杂性。[5]空间的拓展和变化也对公务员思维和能力提出了新的要求：一是随着公务员工作中越来越多的时间和场合需要进行人机互动，这就对人脑智能和机器智能的有机融合提出了要求；二是空间的多样性和泛在性，对公务员在不同空间自如切换提出了要求；同时，随着政务微信、移动端 App 等的开发利用和快

[1] 黄钰婷. 基于定性比较的创新数字政府建设组合路径研究[J]. 技术与创新管理，2021，42(5)：519—526＋535.

[2] 陈潭，廖令剑. 人工智能时代政府治理的挑战与回应[J]. 行政论坛，2021，28(6)：78—86.

[3] 雷鸿竹，王谦. 技术赋能、用户驱动与创新实践：智能时代下政府治理模式创新[J]. 西南民族大学学报(人文社会科学版)，2021，42(2)：234—240.

[4] 蔡德发，李娟. 地方政府的"智能＋"社区治理困境及路径研究[J]. 商业经济，2020(11)：148—150.

[5] 韩梓轩，彭康珺，孙源，章昌平. 数字空间政府引致的公务员思维方式的转变[J]. 公共管理与政策评论，2021，10(4)：84—93.

速普及,公务员的"在线"时间被要求从 8 小时内延伸到 8 小时外;三是新技术嵌入背景下管理智能的实现往往需要特定领域的专家、技术官僚和算法工程师的联合参与,因此对公务员协同内外部力量的能力提出了更高要求;四是新技术对组织、岗位和任务的不确定性影响本身给公务员造成职业压力,需要其不断提升数字能力。

三、 人工智能应用评估的研究进展

人工智能应用评估研究主要涉及评估政策工具的作用方式、评估人工智能应用的各种影响以及常态与非常态下人工智能应用的影响机制辨析三个部分。

第一,评估政策工具的作用方式。现有研究表明,我国地方政府的人工智能政策普遍存在需求型政策工具匮乏,重经济轻社会,服务智能社会的相关政策不足,政策工具与目标错配等问题。罗斯维尔(Rothwell)等将政策工具对科技活动的作用方式区分为供给型、环境型和需求型。[1]汤志伟等基于 25 份地方政府人工智能产业政策的本文内容分析结果表明,以政府直接推动为主的供给型政策工具占比较大,强调政府培育、推广等间接作用的需求型政策工具十分匮乏,环境型政策工具中涉及税收金融制度方面的内容较少且缺乏明确的操作性条款,与服务智能社会相关的政策工具不足。[2]李明等将人工智能政策文本样本数量拓展到 21 份中央政策和 80 份地方政策,结果同样表明需求型政策工具不足是中央和地方政策面临的共同问题。[3]曾坚朋等结合"政策主体—政策工具—政策目标"框架分析了央地人工智能政策,指出地方政府人工

［1］ Rothwell R. & Zegveld W. An assessment of government innovation policies［J］. Review of Policy Research,1984,3(3/4):436—444.

［2］ 汤志伟,雷鸿竹,郭雨晖. 政策工具——创新价值链视角下的我国地方政府人工智能产业政策研究［J］. 情报杂志,2019,38(5):49—56.

［3］ 李明,曹海军. 中国央地政府人工智能政策比较研究——一个三维分析框架［J］. 情报杂志,2020,39(6):96—103＋53.

智能政策偏重项目、产业和技术，对算法伦理、安全规制等谋划不足[1]。宋伟等运用"目标—工具"框架指出地方政府的人工智能政策工具与其提出的"产业化"和"融合应用"等发展目标契合度不高。[2]

第二，评估人工智能应用的各种影响。蔡振华等认为人工智能将在公共服务需求精准识别与智能筛选、情景优化和议题整合、辅助决策和效能跟踪等方面发挥作用。[3]本清松等基于对城市大脑的准案例研究，提出人工智能应用嵌入地方政府智能化治理，有助于实现管理服务数字化（如普及智能终端收集数据）、行政流程精简化（如自动化执行），资源配置智能化（如智能预警和调配出警资源）、社会协同便捷化（如搭建开放创新平台）和公众互动实时化（如使用便捷式智能终端）。[4]张伟等认为在环境污染治理领域，人工智能应用起到"催化剂"作用，包括通过强感知提升数据获取效率，通过新型可视化技术（如绘制图谱、图斑等）提升决策者对环境污染状况的直观理解，通过"人工智能＋大数据＋互联网"等混合技术，提升环境精细化管理水平，通过智能温控系统等自动调节空调运行状况，减少碳排放等。[5]章贵桥等结合政府产权理论视角提出人工智能有助于拓展和深化政府会计功能，加强政府产权的价值创造。[6]

第三，辨析常态与非常态下人工智能应用的影响机制。王文玉将算法作为决策产出过程，分析了人工智能技术替代和帮助政府作出更优决策的三重实现

[1] 曾坚朋，张双志，张龙鹏. 中美人工智能政策体系的比较研究——基于政策主体、工具与目标的分析框架[J]. 电子政务，2019(6)：13—22.

[2] 宋伟，夏辉. 地方政府人工智能产业政策文本量化研究[J]. 科技管理研究，2019，39(10)：192—199.

[3] 蔡振华，赵友华. 人工智能时代的公共服务需求治理：动力与方向[J]. 宁夏社会科学，2020(2)：47—54.

[4] 本清松，彭小兵. 人工智能应用嵌入政府治理：实践、机制与风险架构——以杭州城市大脑为例[J]. 甘肃行政学院学报，2020(3)：29—42＋125.

[5] 张伟，李国祥. 环境分权体制下人工智能对环境污染治理的影响[J]. 陕西师范大学学报（哲学社会科学版），2021，50(3)：121—129.

[6] 章贵桥，陈志斌，徐宗宇. 人工智能发展、政府会计功能拓展与数字政府治理体制的完善[J]. 中国行政管理，2022(1)：48—54.

机制:一是通过算法中立减轻决策者的自由裁量权;二是通过算法的高效性减轻行政负担;三是通过算法的针对性和精准性实现治理活动的精准锚定。[1]然而,尽管这三种机制提出了算法赋能政府治理的可能路径,但也因其过于理想化而在现实中容易被扭曲和异化。高文勇以人工智能技术在突发事件风险应对全过程中的决策辅助作用为例,分析了以人工智能应用促进突发事件精准治理的四种实现机制:一是基于数据信息精准描述事件全貌;二是基于算法逻辑精准识别风险阈值;三是基于知识管理开展深度学习;四是基于智慧治理推动突发事件应急管理智能化转型。[2]

第四节　风险规制：更趋完善的智能治理图谱

人工智能应用的技术风险与治理困境是学术界热议的焦点,规制的本意是防范风险,突破困境。本节将重点识别人工智能技术在智能治理中的风险形态和困境表现(见图 1-3)。

一、基础安全风险规制

人工智能应用中的基础安全风险规制主要指数据安全、信息安全、网络安全和使用者安全风险规制。由于这些风险在绝大多数应用场景中都会出现,因此,将其视为基础安全风险。

第一,数据安全风险。人工智能技术并不能减轻数据安全风险,反而可能因为数据安全风险的存在而放大智能技术的缺陷。如基础数据库被攻击,原始数据或已加工数据被篡改,将直接影响后续算法模型输出结果的准确性与可靠性。

---

[1] 王文玉.算法嵌入政府治理的优势、挑战与法律规制[J].华中科技大学学报(社会科学版),2021,35(4):26—36.

[2] 高文勇.人工智能应对突发事件的精准治理:基于"结构—过程"维度的要素分析[J].学术探索,2021(8):85—95.

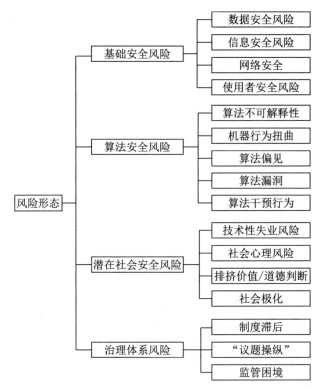

图 1-3　智能治理风险形态和困境表现

第二,信息安全风险。个人信息超范围采集使用,个人隐私泄漏等问题较为突出,如 2019 年与多地政府、公安有合作的某人脸识别公司发生大规模数据泄露,涉及超过 250 万人的个人身份信息、生物识别图像与路过摄像头的位置等敏感信息,这些信息不仅可以访问,还可以被修改和删除,极易诱导违法犯罪行为。[1][2]

第三,网络安全风险。如果人工智能内容过滤系统受到攻击,政府网站上可能会出现各种各样的谣言。国家互联网应急中心检测发现 2020 年我国境内被篡改的政府网站达 1030 个,比 2019 年增长了约 31%,[3]网络安全风险形

---

[1] 谭九生,杨建武. 人工智能嵌入政府治理的伦理风险及其防控[J]. 探索,2021(2):126—138.

[2] 惊悚! 256 万隐私数据被泄露![EB/OL]. (2019-3-20)[2022-5-19]. http://www.qianjia.com/html/2019-03/20_329698.html.

[3] 第 47 次中国互联网络发展状况统计报告[EB/OL]. (2021-2-28)[2022-5-19]. https://zhuanlan.zhihu.com/p/349211721.

势依然严峻。

第四,使用者安全风险。从全球来看,存在恶意使用智能技术威胁国家和地区安全的风险。如一些网络分离主义者[1]运用"聊天机器人＋社交软件"等技术组合,在虚拟网络上广泛散布谣言,歪曲事实,制造事端,严重威胁其他国家的主权安全、国家利益和地区稳定。又如,纯外资智能网联汽车在缺乏数据规制的情况下容易出现数据出境风险,进而威胁国家安全。

二、 算法安全风险规制

第一,算法不可解释性带来的不确定性风险。如国外一些城市将 COMPAS 软件用于累犯风险评估,但其算法信息具有专有性、复杂性,导致法院等使用者对其缺乏理解,无法有效回应被告提出的其"知情权和抗辩权因评估方法不透明而受限制"的质疑。[2]而算法"黑箱"意味着即便是技术开发者,也很难说清算法的运行过程及输出结果,这将进一步增加算法结果的不可预期性和责任的难以界定性。

第二,可解释性算法造成机器行为的夸大和扭曲,进而产生极其负面的社会影响。如推荐算法技术在新闻推送中被广泛使用,在西方国家,基于点击和转发率而非新闻内容真实性的推荐算法技术使得更博眼球的假新闻充斥社交媒体甚至影响选举结果。[3]

第三,算法偏见。算法偏见可能来自数据瑕疵、数据偏差所带来的算法有偏或算法偏见,也可能是在算法开发过程中嵌入了开发者有意识或无意识的认知偏见或理解偏差。算法偏见会造成歧视、暴力和更加隐晦的社会不平等。如一些"看起来像骗子"的人因为算法偏见得不到政府的救济或补贴;更多人会因为程序员在将业务或规则"转译"成代码时出现的过程扭曲而导致福利损失;[4]

---

[1] 商瀑. 从"智人"到"恶人":机器风险与应对策略——来自阿西洛马人工智能原则的启示[J]. 电子政务,2020(12):69—76.

[2] 张欣. 算法解释权与算法治理路径研究[J]. 中外法学,2019,31(6):1425—1445.

[3] 张凌寒. 风险防范下算法的监管路径研究[J]. 交大法学,2018(4):49—62.

[4] Danielle Keats Citron. Technological Due Process[J]. Washington University Law Review, 2008, 85(6):1256.

被算法标记是"非中间派"选民的利益在政治选举中更容易被忽略。[1]

第四，算法漏洞，包括算法被恶意篡改或不当使用等。如当需要识别人类的潦草字迹时，人工智能图像识别技术作出的正确反馈远低于人类，即使是人工智能视觉识别系统能够识别出的图案，如果对图案的局部做些改动，人工智能算法也可能会输出毫不相关的结果。人脸识别技术在为身份认证提供便利的同时，也存在算法漏洞风险，如用照片或模型"刷脸"，"AI换脸技术"也曾被非法用于人脸识别认证。

第五，算法干预行政秩序。拥有数据、算法和算力的技术公司开始设法"钳制"政府的行政活动，如大量公共数据掌握在企业手中，政府如果想要获得这些数据往往需要向企业支付额外的费用（如设备租赁费等）；如果这些数据掌握在大企业手中，政府很可能会陷入"合作才有数据""不合作没有数据"的决策困境。政府要么放弃其他更有技术优势的潜在合作对象而选择现有企业；要么放弃现成的公共数据资源，通过"曲线救火"的方式来汇聚数据；显然，这两种情形都已经偏离了高效理性的行政决策。

三、 潜在社会安全风险规制

第一，技术性失业风险。技术性失业问题是指技术替代人力并且这种替代速度快于劳动力重新就业的速度而带来的各种社会问题。如就业岗位消失带来的失业规模的上升；高技能岗位对传统低技能岗位的替代造成的劳动力市场就业结构性失衡等。人工智能技术在提升生产力和生产效率的同时，还可能导致工资水平和工作岗位停滞不前等，甚至让高收入者的收入快速增加，而让低收入者的收入变得更少。2013年，牛津大学卡尔·本尼迪克特·弗雷（Carl Benedikt Frey）和麦克尔·奥斯本（Michael A. Osborne）发表的一项研究表明，在美国702种职业（约占美国职业总数的97%）中，约有47%"在技术上可以"被

---

[1] 任蓉.算法嵌入政府治理的风险及其防控[J].电子政务,2021(7):31—41.

人工智能或其他机器设备替代。[1]然而,这项研究结果因为被媒体误读而放大了人们对职业替代的恐慌。反之,技术乐观主义者认为,人工智能导致的大规模失业至今没有到来,从长远来看,技术还能将人从机械的、枯燥的、危险的岗位中解脱出来,让人类后代生活得更好。李开复指出,技术乐观主义忽视了技术的差异性及其影响的异质性,但也反驳媒体所认为的人工智能会带来将近50%的失业率。他预测,人工智能导致的实际失业率很可能在10%到20%之间,其中,低技能、结构化、弱社交的体力劳动岗位和优化型(缺乏创意、非决策型)、弱社交的脑力劳动岗位容易消失或被机器替代;算法比机器人更容易出现职业替代,主要原因是人工智能在形态识别和快速决策上超越人类,但在精细动作上不及婴儿;同时,相比于失业率,技术进步与收入、就业停滞的"大脱节"现象更加值得警惕。[2]

第二,社会心理风险。赵继娣等认为数字技术可能会加速社会心理风险形成过程,激活不安全感、疏离感、社会排斥感和不信任感等负面心理。[3]洪丹娜等认为将人数据化或将人际关系数据化是对人的物化,抹平了人的个性化差异,背离了"人是目的"的道德哲学认知,侵蚀了"人的尊严"。[4]

第三,算法对价值判断和道德判断的排挤。例如,人类在遇到类似"有轨电车"问题时会陷入道德困境,即便迫于压力做出选择后仍会陷入自责。而弱人工智能无法将价值判断和道德因素融入算法过程,如果完全由人工智能主导审判,那么道德和价值维度的因素将不会被考虑在审判过程中。[5]

第四,数字鸿沟带来的社会极化。生活中常见的"电信诈骗老年人严重受害,网络问政老年人基本失声",本质上是因为数字鸿沟加剧了社会参与的

[1] Carl Benedikt Frey & Michael A. Osborne. The future of employment: How susceptible are jobs to computerisation? [J]. Oxford Martin Programme on technology and employment, September 17, 2013, https://www.oxfordmartin.ox.ac.uk/downloads/academic/The_Future_of_Employment.pdf.

[2] 李开复. AI·未来[M]. 杭州:浙江人民出版社,2018:171—196.

[3] 赵继娣,曲如杰,王蕾,丁智强. 城市数字化转型中的社会风险演化及防范对策研究[J]. 电子政务,2022(6):111—124.

[4] 洪丹娜. 算法歧视的宪法价值调适:基于人的尊严[J]. 政治与法律,2020(8):27—37.

[5] 陈景辉. 人工智能的法律挑战:应该从哪里开始?[J]比较法研究,2018(5):136—148.

非均衡性。[1]这种非均衡性既表现为技术占有者、技术设计者与技术接受者之间的非均衡性，如普通个体或社会公众难以像政府或技术企业那样参与技术治理过程；也表现为技术接入者与技术未接入者之间的非均衡性，通常未接入者难以享受技术红利，也无法有效表达权利诉求，其境况还可能进一步变差。

四、治理体系安全风险规制

第一，制度演进落后于技术发展。学术界普遍认同，绩效来自技术与制度的"双轮驱动"。但实践中，人们强烈感知到法律法规等制度规范的建设与修订过程漫长，难以对技术创新做出敏捷回应，客观上导致新技术更容易获得野蛮生长空间，由此带来新的治理问题。同时，导致全局性、前瞻性、整体性的制度设计十分匮乏，建章立制往往受制于专业部门的职能分工，专门化的制度与生态化的技术之间不相匹配，容易出现治理错位。此外，在新技术治理领域，尽快多部门联合下发的制度安排日渐增多，但这些制度安排往往面临较为严重的执行困境。

第二，数据研判、网络民意和智能决策正在演变为新的"议题操纵"形式，但这并未引起治理者的足够重视。如通过操纵数据可以让某些问题更容易进入政策议程；能够在网上表达诉求的网民实际上剥夺了没有在网上表达诉求的人群的诉求；在技术中心主义的影响下，不少决策者乐于让机器替代自己进行常规决策。

第三，人工智能技术带来的监管困境。主要包括算法不透明导致的问责困境，技术专业性、独占性等导致的信息不对称，监管手段滞后于技术和场景迭代导致的监管能力不足，以及监管部门"重发现，轻解决"的行为特征导致的监管不闭环。出于风险规避的目的，人工智能技术在一些国家的智能治理实践中被实施了"有限度地嵌入"的策略。如美国旧金山等地禁止政府使用人脸识别技术[2]，另一些州也要求警方使用智能技术仅限于缩小嫌疑人范围[3]。

---

［1］ 单勇.跨越"数字鸿沟"：技术治理的非均衡性社会参与应对[J].中国特色社会主义研究,2019(5):68—75＋82＋2.

［2］ 郭跃,洪婧诗,何林晟.政府采纳人脸识别技术的政策反馈解释：基于杭州与旧金山的案例比较[J].公共行政评论,2021,14(5):159—177＋200.

［3］ 谭九生,杨建武.人工智能嵌入政府治理的伦理风险及其防控[J].探索,2021(2):126—138.

第五节 解译技术密码：外在性与内在性审视

一、人工智能技术三问

人工智能是由人类、想法、方法、机器和结果构成的[1]一组实现特定应用程序和功能的技术或技术平台，[2]是机器或计算机对人的智能的模拟、延伸和扩展，进而起到解放双手或（和）解放大脑的效果。[3]人工智能应用经历了从机器模仿人的行为和算法模仿人脑思维，到突出强调人机协同，再到人机优势互补的发展演进。[4]社会科学研究者对人工智能讨论最为激烈的有三大问题：

第一，人工智能技术是否中立？学术界对于人工智能是否具有技术中立性至少存在两种不同观点。一种观点认为，人工智能可以实现有条件的技术中立。当数据、算法客观公正，不含有人类主观价值偏见时，算法决策具有中立性；反之，不然。[5]另一种观点认为，人工智能具有技术非中立性。[6]人工智能技术不同于计算机技术，计算机技术具有技术中立性，而人工智能技术的价值导向决定其行为善恶。[7]"清白的算法"也会带来"算法暴力"。如算法的自

［1］［美］史蒂芬·卢奇，丹尼·科佩克.人工智能（第 2 版）［M］.林赐，译.北京：人民邮电出版社，2018：第 1 版前言.

［2］之江实验室.探路智慧社会［M］.北京：中国科学技术出版社，2021：11.

［3］谷建阳.AI 人工智能：发展简史＋技术案例＋商业应用［M］.北京：清华大学出版社，2018：2—3.

［4］李修全.智能化变革：人工智能技术进化与价值创造［M］.北京：清华大学出版社，2021：7.

［5］王文玉.算法嵌入政府治理的优势、挑战与法律规制［J］.华中科技大学学报（社会科学版），2021，35(4)：26—36.

［6］技术中立主要指技术的功能中立、责任中立和价值中立，传统计算机技术具有技术中立性，而人工智能技术具有非中立性.详见：吴梓源，游钟豪.AI 侵权的理论逻辑与解决路径——基于对"技术中立"的廓清［J］.福建师范大学学报（哲学社会科学版），2018，212(5)：69—80＋173.

［7］李良成，李雨青.人工智能嵌入政府治理的风险及其规避［J］.华南理工大学学报（社会科学版），2021，23(5)：1—13.

我强化很可能会让失范者陷入"算法囚笼"，遭遇"一次失范次次受限"的不公正待遇，使其在"痛改前非"后仍无法获得与守信者同等的发展机遇和生活权利。进一步地，"清白的算法"让位于"被操纵的算法"更是加剧了人工智能技术的非中立性。算法是人开发的，而人不是价值无涉的，因此技术开发者难免会将自己的喜好映射到算法中。[1][2]

第二，如何看待人工智能技术的工具理性？人工智能技术的工具理性具有"两面性"：一方面，基于客观事实的中立算法有助于输出价值无偏的决策结果，消除行政人员因经验或偏好不同而表现出的自由裁量权；另一方面，当面对"有轨电车困境"时，遵循计算主义方法的算法会遵循边沁功利主义的观点，选择以牺牲少数人的利益来实现多数人的福祉，从而陷入伦理困境。正是因为缺乏价值理性，人工智能应用遭到了学术界不同程度的批评。王怀勇等批评人工智能技术将人物化为数据集而侵害人的整体性，挑战了人之为人的尊严；批评算法不透明剥夺了公民参与、协商和申诉的权利，消解了公民抵御公权力侵害的能力。[3]陈潭等批评人工智能技术会带来人性降格、人性争位与人性占位问题，损害公序良俗。[4]

第三，如何理解算法"黑箱"？人工智能应用的算法"黑箱"问题是探讨人工智能治理风险时无法回避的诱因。算法"黑箱"使人工智能技术具有了自主性、复杂性、非透明性、不可解释性和非可控性等特征，存在算法漏洞、算法歧视、隐私侵犯等问题，维护算法社会的公平正义成为极大的治理难题。[5]算法"黑

[1] 任蓉.算法嵌入政府治理的风险及其防控[J].电子政务,2021(7):31—41.

[2] 王文玉.算法嵌入政府治理的优势、挑战与法律规制[J].华中科技大学学报(社会科学版),2021,35(4):26—36.

[3] 王怀勇,邓若翰.算法行政:现实挑战与法律应对行政[J].法学研究,2022(4):104—118.

[4] 陈潭,廖令剑.人工智能时代政府治理的挑战与回应[J].行政论坛,2021,28(6):78—86.

[5] 李良成,李雨青.人工智能嵌入政府治理的风险及其规避[J].华南理工大学学报(社会科学版),2021,23(5):1—13.

箱"的成因主要有三个方面:一是技术的专业性壁垒使得非技术人员理解起来非常困难,正所谓"隔行如隔山";二是为了保守国家或商业机密而有意隐藏算法;三是算法的自发性和自生长性带来的不透明。[1]算法披露、算法审查和算法责任是回应人工智能应用中算法问题的关键要素,但实施起来困难重重。[2]

二、人工智能七大特征

技术是实现目的的手段,但是技术不是实现目的的唯一手段。人工智能技术是实现智能化治理目标的手段,但显然并非所有治理都需要人工智能技术。实现治理目标的手段还包括组织结构、制度体系等,这些因素与技术共同决定着治理目标的达成情况。本部分致力于通过分析人工智能技术的特点揭示其本质,形成关于人工智能技术的逻辑和框架,以阐释人工智能技术是如何在智能化治理中被嵌入和使用的。从学术界现有研究看,徐琳等概括了人工智能的六个特征:高效率、多中心、强依赖、硬门槛、黑箱化和情景化,具有一定的启发性。[3]本书认为,人工智能技术既具有技术的一般特征,也具有独特的技术个性,并将其归纳为七大特征。

第一,人工智能技术是一项试图强化、模仿甚至替代人的行为和意识的技术。如智能决策侧重强化,创造创作和情感计算研究侧重模仿和替代人。相比之下,在前人工智能时代,技术的主要作用是实现"机器对自然的强化"。[4]例如,传统小汽车是提高远距离通勤效率最常见的代步工具,是帮助人们提高速度、节省体力的重要机器,但是智能网联汽车不仅能够提高通勤效率,还能够代

[1] Burrell J. How the machine "thinks": understanding opacity in machine learning algorithms[J]. Big data & Society, 2015, 3(1):1—12.
[2] 王怀勇,邓若翰. 算法行政:现实挑战与法律应对[J]. 行政法学研究,2022(4):104—118.
[3] 徐琳,徐超. 人工智能时代政治权力的双重面相[J]. 兰州大学学报(社会科学版),2020(1):56—63.
[4] [美]布莱恩·阿瑟. 技术的本质:技术是什么,它是如何进化的[M].曹东溟,王健,译.杭州:浙江人民出版社,2018:6.

替人思考，代替人优化路线，并代替人完成整个驾驶过程，人们不需要雇佣司机也能将双手从方向盘上释放出来，由此完整了从强化到模仿和替代的整个过程。进一步地，在不同技术阶段，人工智能技术对人的替代作用存在较大差异。如弱人工智能技术更侧重于替代"行为"，而强人工智能将更加侧重于替代"意识"。

第二，人工智能技术是一项复杂的综合性技术，其复杂性来自技术的组合性和递归性。组合性是指任何技术都是以"集合"形式存在的，是现象、元初技术或其他已有技术的组合。递归性是指任何技术中都包含了自相似组件，或者说特定技术系统是由低级模块或次级系统建构成的。[1]延续这一内在性的技术观察视角，如人工智能技术既是数据、算法、算力和物联网的组合，又是基础设施层、算法层、技术方向、具体子技术层和解决方案层[2]的纵向叠加，而其中每个部分又都由具有组合性和递归性的技术构成。技术的组合性和递归性使得技术能够通过局部性优化或结构性变革的方式，来持续克服自身的局限性并更好地结合外部环境的变化而做出调整。但是，技术的"复合体"与"多层次"属性使得技术在动态演进的过程中变得十分复杂。这使得技术驱动的治理与治理技术本身都变得更加复杂。因此，复杂性也成了人工智能应用背景下智能化治理必须要面对的挑战。

第三，人工智能技术具有易变性和自创生性。技术首先是精神的建构，其次才是物质的建构。[3]前者强调人类或技术使用者的思维方式和价值取向对技术进化的作用，后者强调客观世界变化对技术的改造。无论是精神还是物质因素的影响，作为整体形态出现的技术及其蕴含的现象、知识、科学以及技术应

---

[1]　[美]布莱恩·阿瑟. 技术的本质：技术是什么，它是如何进化的[M]. 曹东溟，王健，译. 杭州：浙江人民出版社，2018：39.

[2]　腾讯研究院，中国信通院互联网法律研究中心，腾讯AI Lab，腾讯开放平台. 人工智能[M]. 北京：中国人民大学出版社，2019：24.

[3]　[美]布莱恩·阿瑟. 技术的本质：技术是什么，它是如何进化的[M]. 曹东溟，王健，译. 杭州：浙江人民出版社，2018：18.

用本身,都在发生着动态的、活的变化,并不断产生出新的结合(见图1-4)。[1]

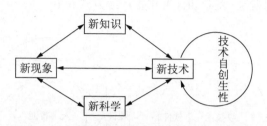

图1-4 内在性视角下技术进化的诱因与路径

在人工智能领域,技术的易变性有两大主要表现:一是技术的更新迭代周期很短,为了解决老问题而产生的新技术,又会带来新问题从而催生更新的技术,这种循环性使得新技术能够以指数级的规模涌现,但技术究竟会发展成什么,会带来什么样的影响,充满未知。二是人工智能技术在应用层面的柔韧性与延展性。技术是精神性与物质性的融合,这意味着技术不是刚性的,而是柔性的,不是机械体,而是生命体,融合了敬畏心理、人性关怀和人文精神的人工智能技术在应用过程中会变得与众不同,难以用统一的模式去提前框定,也这表现出了人工智能技术应用的易变性。

第四,人工智能应用强调技术的实用性。智能治理是场景驱动的产物,人工智能技术的价值来自应用,具体表现为解决方案、智能器件等各种类型的人工智能应用。技术的实用性是技术提升活力、持续进化的内在驱动力。要实现人工智能技术的实用性功能,离不开"数据""硬件""软件"和"湿件"的支撑(见图1-5)。"数据"是指对真实世界的客观记录,包括结构化数据和非结构化数据,是构成信息的基础,也是人工智能技术的"饲料"。"硬件"主要指支撑技术实现的硬件设备,如高性能计算机、智能传感器、完善的网络架构、电子政务云、移动终端等;"软件"主要指一系列操作和程序等编码化知识;"湿件"主要指驾

---

[1] [美]布莱恩·阿瑟.技术的本质:技术是什么,它是如何进化的[M].曹东溟,王健,译.杭州:浙江人民出版社,2018:96—97.

驭和运用知识的技艺、才干、理念和信念等，通常内化于个体的心智模式和能力禀赋之中，无法以购买、复制和标准化生产等方式获取。

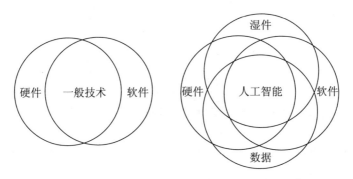

图1-5　一般技术与人工智能技术构成比较

第五，人工智能应用嵌入于地方性微观文化中。地方性微观文化的作用不言而喻，一是决定了前沿技术是否有可能在文化土壤中得到良性孵化。如果地方性文化对创新所带来的风险和错误具有较大的包容度，则可能成为攻克人工智能前沿技术的试验田；反之，如果地方性文化更青睐成熟的技术输入，而不是草创性的技术发明和冒险，则很可能无法形成攻坚前沿技术的整体氛围。二是决定了技术的使用方式能否被纳入地方性的共同认知。技术使用程度与技术作用对象之间的"默契"至关重要。如果技术作用对象对技术的态度是"排斥性"和"破坏性"的，则技术"刚性"的一面可能会发挥得淋漓尽致；反之，如果技术作用对象的态度与技术使用程度之间的"耦合性"较高，则技术"柔性"的一面能够得到更好的发挥。

第六，人工智能技术系统与地方政府治理系统互嵌互构。一方面，人工智能技术会冲击传统的权力结构与政府结构，为治理活动的实施提供可选的解决方案，但也会制造出更多的新问题。另一方面，人工智能技术本身也受到治理目标、治理架构、治理制度、运作形式等治理系统固有的特质的影响，加速或阻碍新技术的适应与生长。概言之，技术系统的自身调适与治理系统的适应调整伴随或交替出现、动态螺旋演进。因此，观察治理实践中的技术嵌入及其作用，有助于从理论和实践层面回答,什么样的政策工具和管理模式将更有助于新技术沿着有利于达成善意的治理目标的方向发展。

第七,人工智能应用存在超越被动工具性的自主性。[1]人工智能技术加深了技术的科学性与伦理性边界的模糊性,不仅是技术使用者的伦理道德和真实意图会影响人工智能作用的结果,而且人工智能技术的算法"黑箱"也可能带来错误的判断、决策和行动,从而出现人们不愿意看到的或人类社会难以挽回的后果。人工智能自主性所带来的在潜在技术应用中所表现出的不可预期性,可能会使"保守的治理者"追求冒进的技术遏制,而将颠覆性的前沿技术创新扼杀在摇篮。反之,如果缺乏底层制度架构、治理规则与伦理准则,又可能会"纵容"人工智能技术激进者贸然行事,挑战技术的自主性极限。因此,把握治理"真空"与治理"过度"之间的限度,变得紧迫而必要。

综上所述,人工智能应用是建立在人工智能技术之上的衍生物,地方政府人工智能应用水平是人工智能技术、其他关联技术、地方微观文化和地方治理体系和能力综合作用的结果。人工智能技术的易变性和人工智能应用的不确定性会增加地方政府智能化治理结果的不可准确预期性,从而形成多种相互促进也可能相互排斥的绩效表现,为学术界持续深化理论研究提供了广阔的空间。

---

[1]　腾讯研究院,中国信通院互联网法律研究中心,腾讯 AI Lab,腾讯开放平台.人工智能[M].北京:中国人民大学出版社,2019:2—3.

第二章

人工智能应用赋能城市治理的策略框架与实证阐析

人工智能应用赋能城市智能化治理的内在规律是什么？如何有所为有所不为，这就需要进一步探究城市场域的内在秩序结构，并寻找与之耦合的智能化治理路径。本章以秩序的深层次结构和智能治理的优先序为切入，以期通过对上海市的案例深描，识别地方政府智能化治理特定发展阶段的实践探索与现实困境，深入阐释人工智能应用的深层逻辑并提出未来可能的突破方向。

第一节　城市治理场域的秩序结构与智能治理优先序

一、　秩序的深层结构与智能治理策略选择

城市是人类最富创造性的活动空间，也是地方政府智能化治理的主要场域。智能技术应用与城市发展进步相互影响、彼此成就。帮助城市发现秩序、寻找秩序、捍卫秩序是地方政府在推进城市智能化治理中的目标追求。在人工智能等新一代信息技术深度嵌入城市治理的时代，认识城市治理"秩序"的深层结构是识别智能化治理潜能和边界的重要前提。图 2-1 从表象秩序和实质秩序两个维度解构城市治理"秩序"，分别以有序和无序作为两种基本状态，将城市治理"秩序"划分为四种类型。

第 I 种类型为"表象有序、实质有序"。在表层，城市的建筑、道路、各类功能区域整体呈现出高度的秩序感，让人感觉不到"混乱"；在深层，城市中的个

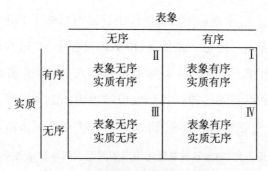

图 2-1　城市治理"秩序"的深层结构

体、人群和各类组织按照特定的行为习惯、社会规范和制度体系有条不紊地开展着各类活动。这种表里合一、所见属实的城市秩序样态是城市治理者最希望看到的情境。

第Ⅱ种类型为"表象无序，实质有序"。城市在其外在风貌上并未表现出很强的秩序感，甚至让人觉得缺乏规整、有些"凌乱"；但在深层次上，城市却凭借着个体和组织较强的自主性，自发形成了一套有效维持生活秩序的运作逻辑。换言之，城市的良序运转并不以政府投入为必要条件，也不以技术嵌入为必然前提。面对这种情形，城市治理者既要有足够的睿智来识别出这种隐藏的秩序，又需要有广阔的胸怀来充分包容城市中"人、物、动、态"的多样性和丰富性。

第Ⅲ种类型为"表象无序，实质无序"。最为典型的是处于战乱中的城市——满目疮痍、物价飞涨、肮脏混乱、民不聊生、居无定所，缺乏最基本的安全、干净和生产生活秩序。显然，对于这种"到处都是问题"的类型，单靠城市一己之力的"自救"是很难恢复到正常秩序的，需要依靠国家捍卫主权的努力和国际组织的人道主义援助。

第Ⅳ种类型为"表象有序，实质无序"。表面上看，城市要素齐备、整齐划一、干净有序，甚至符合几何美学；但在深层次上，各种无序力量此起彼伏，消磨和瓦解着政府试图联合规划师用自上而下的政治和行政强制力量设计、建设和营造出来的城市机体。如有机统筹城乡的"花园城市"的规划方案正是因其过于美好而吸引人们蜂拥而至，最终超出中心城市承载力并造成周边团簇的"新城"的无序和混乱。过于理想的城市设计也容易因低估了非正式力量对城市秩序的破坏性而变得不再理想。此外，城市治理过程中的"过程留痕"，看似通过标准化方式规范了人们的行为，实际上容易陷入一种"追求纯秩序的机械梦想"。换言之，意识不到问题的存在是城市治理中的最大隐患。而智能化时代的城市治理，最应当寻找和迫切解决的是第Ⅳ种类型的城市治理"真问题"。

表 2-1　地方政府智能化治理的问题识别与策略选择

类型编号	类型描述	问题识别	智能化策略
第Ⅰ种类型	表象有序，实质有序	没问题	锦上添花
第Ⅱ种类型	表象无序，实质有序	伪问题	成人之美
第Ⅲ种类型	表象无序，实质无序	真问题	无能为力
第Ⅳ种类型	表象有序，实质无序	真问题	雪中送炭

如表 2-1 所示，根据上述四种类型的特点不难发现，在地方政府智能化治理中，最重要和最紧迫的问题是第Ⅳ种类型的问题，对此，政府应当采取的是"雪中送炭"的智能化策略，洞穿表象有序下的实质无序，直击城市治理中的痛点、难点、痒点和热点。其次，是第Ⅰ种类型和第Ⅱ种类型的情形。针对第Ⅰ种类型，政府可以实施"锦上添花"的智能化策略，如将智能化应用从公共安全、公共管理向公共服务延伸。针对第Ⅱ种类型，政府可以采取"成人之美"策略，鼓励全民参与和社会自治的作用，并借助技术赋能做好兜底工作。第Ⅲ种类型最为极端，已经超出了常态下"城市治理"的范畴，智能化治理的作用杯水车薪。概言之，地方政府智能化治理应倡导以"雪中送炭为主，锦上添花为辅"的推进策略。

二、"发生概率—潜在损失—治理成本"与智能治理优先序

针对城市治理中的"真问题"，以"发生概率"与"潜在损失"为划分依据，进一步将治理问题归纳为四种类型，按照治理的优先序依次为"高概率、高损失"型问题，如在 2020 年至 2022 年新冠肺炎疫情防控期间，流调排查工作被置于较高优先序，主要原因是新冠病毒传染性强，在病毒致病性不明确的情况下，如果不能对感染者精准识别并及时隔离，容易引发大规模人群感染，严重时会导

致区域封闭、医院停诊和企业停工,造成高昂的经济社会代价。其次,为"低概率、高损失"型问题,如高空抛物,这类事件发生的概率较低,但一旦发生容易殃及无辜,甚至造成人员伤亡。再次,为"高概率、低损失"型问题,如共享单车乱停放,除了使用者不规范行为造成的无序停放外,早晚高峰期地铁站门口等特定点位停车空间容纳量无法满足停车需求的客观事实,也会使无序停放成为常态。但是,共享单车乱停放带来的"损失"主要表现为挤占慢行交通空间、市容市貌不整洁等问题,为局部区域有限时间段的低损失性问题。最后,为"低概率、低损失"型问题,如生活垃圾分类示范小区的住户乱丢垃圾问题,在绝大多数住户已经养成了生活垃圾分类习惯的示范小区,住户乱丢垃圾的问题并不常见,而且造成的环境损失较小,发现后清理干净就能够恢复居住区环境原貌。

在前述分析的基础上叠加技术条件后,会造成不同的治理成本。治理成本不仅包括技术自身的成本,还包括因技术嵌入所带来的经济成本和社会成本等次生成本。表 2-2 以上述案例为例,对治理成本进行逐一分析。

表 2-2　基于"发生概率—潜在损失—治理成本"分析框架的案例分析

案　例	低成本方案	高成本方案
新冠肺炎感染者排查	精准定位,尽可能缩小对无关人员的影响	全员核酸检测、"时空伴随者"方案(额外成本:过度消耗检测资源、存在核酸检测过程中被感染的风险、干扰多数人的正常生产生活等)
高空抛物	锁定窗户开合角度,使得物品难以被抛出窗外	安装摄像头,通过抛物线识别物品抛出位置,自动发送给责任主体(额外成本:高坠损失已经产生,难以挽回)
共享单车乱停放	安装电子围栏,停满后自动提醒管理人员进行现场停车位维护;锁车前,自动提示停放者将车辆停至规定区域内	增派人员驻守在停车位前,对于乱停放车辆进行现场管理或人工将车辆挪到可以停放的区域(额外成本:增加工作人员工作负荷,必要时还需要增派人手,增加人力成本;将单车平台管理责任和使用者按规停放责任转嫁给城管人员,增加了社会成本)
示范小区垃圾暴露	保安或保洁在小区日常巡查时对发现的垃圾暴露问题及时处理	安装图像识别摄像头,自动识别垃圾暴露现象,自动发送给平台,平台派单给处置人员,进行闭环处置(额外成本:增加了不必要的数据存储、流转环节,消耗技术资源)

注:本表仅比较现实中存在的方案。

如表2-2所示，技术并不总能降低治理成本。将治理成本纳入后，可以形成"发生概率—潜在损失—治理成本"三维分析框架（见图2-2），并识别出不同治理模式的优先序。显然，低成本方案优先于高成本方案，用">"表示前项优先于后项，则：①>②>③>④>⑤>⑥>⑦>⑧。

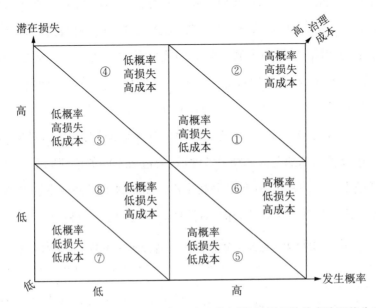

图2-2　基于"发生概率—潜在损失—治理成本"分析框架的技术治理优先序

综上所述，在智能化治理过程中，地方政府首先要识别城市治理的真问题，并关注到技术治理带来的经济社会成本，率先从发生概率高、潜在损失大、治理成本低的领域进行技术赋能。

第二节　从信息化到智能化初级阶段：上海市数字化转型最新进程

一、　研究对象选择与上海市"一网统管"概况

上海市是东部沿海超大城市，下辖16个区，建成区面积领先周边其他城市，2021年底常住人口规模接近2500万，流动人口规模约500万。上海市城市

管理问题具有"亩产高、风险聚"的特点，具体表现为生产、生活、生态问题的治理需求叠加出现，城市运行需要覆盖经济、社会和环境保护等不同维度；城市治理中既有历史性问题，更有经济社会发展中出现的新问题新现象，需要统筹考虑；城市中"人、物、动、态"等各种要素集聚、变化迅速、关联性强，需要城市治理者对各种潜在的风险因素做出快速反应，不断提升城市韧性；中央对上海市探索城市精细化治理、抓住城市运行"一网统管"等"牛鼻子"工作多次作出重要指示，对上海市探索解决超大城市治理的世界级难题提出较高要求；上海市民对城市安全稳定有序运行期待较高，对高品质生活的需求也在不断提升。

上海市委、市政府高度重视城市工作，多年来上海市城市治理水平在全国居于领先地位。从时间轴向上看，上海市城市发展经历了从"重建设、轻管理"到"建设与管理并重"再到"精细化智能化治理"等不同阶段。改革开放之后尤其是 20 世纪 90 年代以来，上海市通过引入 BOT 等融资模式在大片未开发土地上大兴建设，解决了老百姓出行难、住房难、如厕难等底线民生问题。在出行方面，截至 2021 年底，上海市地铁运营里程突破 800 公里，保持世界第一，彻底改变了几十年前公交车上 1 平方米站 11 人的公共交通资源短缺状况。在住房方面，上海市城镇居民人均住房面积从 7.4 平方米增加到 37 平方米，实现了从人均"一张床"到人均"一间房"。近年来，上海市进一步推出"租购并举"等举措，推动构建从"一间房"到"一套房"的多层次、多元化住房供应体系。[1]在解决如厕难顽疾方面，上海市主要领导牵头，持之以恒推动旧区改造和老旧住房改造，以每年惠及几万户的速度解决老城厢居民如厕难问题，到 2022 年 7 月底，上海市中心城区成片二级旧里以下房屋改造收官，上海市全面告别"拎马桶"时代。[2]

---

［1］　上海市：将构建多层次租赁住房供应体系　从"一张床"到"一间房"到"一套房". ［EB/OL］. （2022-1-23）［2022-2-14］. https://baijiahao. baidu. com/s?id=1727237685402558 47&wfr=spider&for=pc.

［2］　上海消灭"拎马桶"，这些年的不凡路. ［EB/OL］. （2021-4-27）［2022-7-31］. https://export.shobserver.com/baijiahao/html/513169.html.

　　然而，在城市建设高潮迭起的背景下，上海市开始思考如何加强对城市硬件基础设施等的管理。2006 年，上海市提出"建管并重，重在管理"的理念，历时 4 年左右，上海市在全市范围内建立起网格化管理体系。[1]尽管网格化管理主要聚焦于简单、高频城市事部件问题，但网格化管理理念体现了上海市在提升政府回应性上的努力，是推动服务型政府建设和城市精细化管理的有益举措。

　　2017 年以来，上海市城市发展进入精细化智能化治理阶段。一方面，人工智能等新技术应用不断成熟，人工智能生态不断完善。在吸引商汤、依图科技、联影智能和微软亚洲研究院等人工智能领先企业入驻后，[2]上海市明确提出将人工智能作为建设具有全球影响力的科技创新中心的产业创新高地，[3]而上海市广阔的城市治理空间为 AI 企业与地方政府的合作创新提供了极其丰富的治理场景和无限的智慧治理可能。另一方面，上海市不少政府部门也已经与人工智能企业合作开发应用场景，技术赋能治理的效能初步显现。如"智慧公安"通过人脸识别技术成功抓捕了潜逃在外 20 年已经洗白身份的逃犯；街道层面已经开始运用摄像头抓拍技术识别高空抛物；居住区也将智能传感设备纳入"智慧社区"建设。同时，周边城市在交通治堵"城市大脑"建设中的快速推进也为上海市运用智能技术推动城市高效、智慧、精细治理提供了先期实践。

　　2019 年，上海市启动城市运行"一网统管"。城市运行"一网统管"的建设目标是实现"一屏观天下，一网管全城"，核心是"高效处置一件事"，总体要求是提升城市大脑的认知、感知和行动能力。[4]城市运行"一网统管"的逻辑架构是"三级平台、五级应用"，三级平台指市级城运平台、区级城运平台和街镇城运平

［1］　叶岚. 大城市网格化管理研究［M］. 北京：人民出版社，2019：99—100.

［2］　上海市"两张网"建设的发展背景、实践意义和未来展望.［EB/OL］.（2021-4-1）［2022-2-14］. https://www.163.com/dy/article/G6G2CMIJ0518KCLG.html.

［3］　打造具有全球影响力的科创中心，上海市将建集成电路、人工智能、生物医药三大产业创新高地.［EB/OL］.（2021-9-29）［2022-2-14］. https://www.sohu.com/a/492766525_116237.

［4］　上海市城市运行"一网统管"建设三年行动计划（2020—2022 年）.［EB/OL］.（2021-12-21）［2022-2-14］. https://www.waitang.com/report/41918.html.

台；五级应用指贯通市、区、街镇、网格、社区/楼宇五级治理职能。城市运行"一网统管"通过"六个一"[1]的技术支撑，联通 185 个系统、730 个应用，打造了上千个应用场景，[2]实现自上而下的数据赋能和自下而上的闭环处置。从效能追求上看，城市运行"一网统管"旨在最低层级、最早时间，以相对最小成本，解决最突出问题，取得最佳综合效应，营造"观全面、管到位、防见效"的智能应用生态。[3]2022 年 5 月 24 日，《上海市人民代表大会常务委员会关于进一步促进和保障城市运行"一网统管"建设的决定》以立法形式明确"构建数字化、智能化政府运行新模式，提升城市治理效能"，凸显了智能化在城市治理领域的重要作用。

综上所述，城市治理的核心是解决好高质量发展与高水平安全的关系。上海市城市治理遇到的问题在全国绝大多数城市发展过程中都会遇到，参与城市治理的相关政府职能部门的组织架构与其他城市高度相似，选取上海的城市治理活动作为研究对象具有典型性。同时，上海市在城市治理领域又率先遇到了其他城市尚未遇到的挑战和问题，在技术赋能城市治理中的做法在全国具有一定的先进性和引领性，技术赋能数据整合、流程再造、业务精简、精细治理和平台型政府建设等成效初步显现，研究对象具有代表性。在此基础上，研究将对人工智能应用嵌入上海市城市运行"一网统管"，推动城市治理效能提升的实现逻辑和作用效果进行深入辨析。

二、 从全面推进数字化转型到智能化初级阶段

上海市城市智能治理经历了信息化、数字化和智能化三个阶段，目前正处

---

[1] "六个一"指治理要素一张图、互联互通一张网、数据汇聚一个湖、城市大脑一朵云、城运系统一平台、移动应用一门户。参见：上海市城市运行"一网统管"建设三年行动计划（2020—2022 年）．[EB/OL]．（2021-12-21）[2022-2-14]．https://www.waitang.com/report/41918.html．

[2] 数据来自上海市城市运行中心，2022 年 3 月 25 日。

[3] 上海市城市运行"一网统管"建设三年行动计划（2020—2022 年）．[EB/OL]．（2021-12-21）[2022-2-14]．https://www.waitang.com/report/41918.html．

于深入推进数字化转型，智能化应用不断萌生的阶段。如图 2-3 所示，数字化转型是实现智能治理的基础底座。信息化阶段的"智慧城市"建设主要完成的是硬件基础设施建设，信息化转型局限于单个部门和单个业务，主要实现电子化、无纸化的功能。数字化阶段的城市治理旨在通过系统上云、数据汇聚共享，将分散在不同信息化系统中的数据链接起来，通过数据互通发挥数据要素的更大价值。智能化时代的城市智能治理则是在数字化基础上开辟自动化功能，并在海量数据和算力算法支撑的基础上通过数据挖掘和机器学习，实现垂直领域超越人类能力的突破。因此，智能化是在数字化基础上的深耕，不能逾越信息化和数字化阶段来谈人工智能应用在城市治理中的作用。

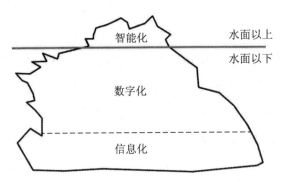

图 2-3 "信息化—数字化—智能化"关系示意图

2020 年末，上海市委、市政府公布了《关于全面推进上海城市数字化转型的意见》（以下简称《意见》），提出"构建数据驱动的数字城市基本框架"，包括"数据新要素体系、数字新技术体系和城市数字新底座"。《意见》要求各级领导干部"不断学习数字化新知识新本领""培养运用数字化思维解决实际问题的能力"。2021 年 6 月，课题组面向上海市、区、街镇约 50 个部门的处级领导干部发放调查问卷，了解上海市处级领导干部对数字化转型与智能化治理的真实感知。问卷调查对象覆盖发改委、经信委、科委、商务委、规自局、住建委、交通委、水务局、人社局、民政局、卫健委等职能部门，市级部门占 61%，区级部门占28%，街镇部门占 11%。被调查对象均为本科或本科以上学历，其中，博士学历占 11％,硕士学历占 47％,本科学历占 42％。从年龄分布来看,36—45 周岁的占 39％,46—55 周岁的占 56％,其余人群处于 56—60 周岁(见表 2-3)。

表 2-3　被调查者人口统计学信息

部门层级		学历分布		年龄分布	
市	61％	博士	11％	36—45 周岁	39％
区	28％	硕士	47％	46—55 周岁	56％
街镇	11％	本科	42％	56—60 周岁	5％
合计	100％	合计	100％	合计	100％

调查结果显示,总体上看,上海市处级领导干部对数字化赋能未来城市发展充满期待,约 89％的干部认为全面推进城市数字化转型对上海市参与全球合作竞争、配置全球资源有正向影响;约 86％的干部认为全面推进城市数字化转型为上海市提升全球竞争力提供了重要契机。

如表 2-4 所示,上海市近九成的处级领导干部对《意见》熟悉或了解,表明《意见》确实成为推动全市数字化转型的工作指导,而且数字化转型工作在各层级、各部门全面推开。值得注意的是,市级机关处级领导干部对《意见》"比较熟悉"或"非常熟悉"的约占 36％,区级机关处级领导干部对《意见》"比较熟悉"的高达 70％,而街镇对《意见》"比较熟悉"的占 25％。这表明上海市在具体推进

表 2-4　被调查者对城市数字化转型制度的熟悉程度

您了解《关于全面推进上海市城市数字化转型的意见》吗?			
熟悉程度	全市平均	市级	区级	街镇
非常熟悉	11％	18％	0％	0％
比较熟悉	33％	18％	70％	25％
了解一些	45％	50％	30％	50％
听说过	11％	14％	0％	25％
没听说过	0％	0％	0％	0％

注:四舍五入取近似值。

数字化转型工作时不是先有自上而下的顶层设计，而是充分发挥区级层面的主动性、积极性和创造性，鼓励区级政府及其相关部门结合区情因地制宜设计场景，率先探索数治、智治解决方案，这在治理数字化转型中显得尤为突出。

组织层面，如表2-5所示，超过86％的处级干部认为自身所在部门的数字化建设现状与上海全面推进数字化转型要求有差距。市级政府部门被调查者中约有4.5％认为"差距非常大"，而区级政府部门被调查者中有10％认为"差距非常大，很难满足市里要求"。主要原因是区级政府在数字化转型中发挥承上启下的中间层级政府作用，区级政府能够使用的数字化转型资源不及市级政府部门来得多，而且各区之间数字化转型基础条件差异较大。同样值得关注的是，市级层面约有18％的被调查者认为所在部门数字化水平与全市要求"没有差距"甚至"处于领先"；区级层面有10％的被调查者表达了类似的感受。这表明，《意见》出台是有现实基础的，但《意见》也希望为更多政府部门设定"跳一跳能够到"的标准。

表2-5　您所在部门数字化建设状况与全市要求的差距大小

选　　项	全市平均	市级	区级	街镇
差距非常大，很难满足市里要求	5.6％	4.5％	10％	0％
有些差距，但是可以改进提升	61.1％	54.5％	60％	100％
差距较小，很容易迎头赶上	19.4％	23％	20％	0％
没有差距，能够满足市里要求	8.3％	9％	10％	0％
水平较高，数字化水平处于领先地位	5.6％	9％	0％	0％

注：四舍五入取近似值。

从全市推进数字化转型进展来看，不同政府部门差异较大。上海市约16％的政府部门初步推进数字化转型工作，约53％的政府部门逐步开展数字化转型工作，而有28％的政府部门全面实行数字化转型工作，仅有约3％的政府部门认为数字化转型应用成熟。总体上看，上海市数字化转型责任落实与议事协调机构建设基本完善。如表2-6所示，上海市有50％的区级部门、32％的市级部门和25％的街镇由主要领导牵头推动数字化转型工作，推进力度较大；有40％的区级部门和23％的市级部门成立了数字化转型小组作为议事协调机构，这些部门推进力度相对较大。75％的街镇由业务部门领导负责数字化转型工作，主要原因是这些街镇将数字化转型作为业务工作来抓，或者将其作为推进特定业务工作的新方式。同时，市级层面仍有9％的部门尚未委派人员开展数字化转型工作，可能的原因是这些部门的职能定位较为特殊或对数字化转型转什么、怎么转的认识和理解还不到位。

表2-6　您所在的单位(部门)是否有专门的人员、组织推动数字化转型工作

选　项	全市平均	市级	区级	街镇
主要领导牵头	36％	32％	50％	25％
已成立数字化转型小组	25％	23％	40％	0％
某业务部门领导负责	25％	27％	0％	75％
非业务部门领导主持	8％	9％	10％	0％
尚未委派人员开展工作	6％	9％	0％	0％

个体层面，如表2-7所示，绝大多数处级领导干部表示身边同事对数字化转型"有一定积极性，但不知从何入手"，越往基层，这一比例越高。值得注意的是，市级层面有5％的被调查者表示政府工作人员存在本领恐慌且无法胜任数

表2-7　您身边同事对数字化转型的态度如何

选　项	全市平均	市级	区级	街镇
存在畏难情绪，最好维持原状	0％	0％	0％	0％
存在本领恐慌，认为无法胜任	2.8％	5％	0％	0％
有一定积极性，但不知从何入手	52.7％	45％	60％	75％
积极性较高，"比学赶超"	27.8％	32％	20％	25％
积极性非常高，把数字化转型作为部门整体提升的契机	16.7％	18％	20％	0％

注：四舍五入取近似值。

字化转型工作，可能原因是市级委办局有一定的决策权，而区级和街镇更多承担执行工作。"有令必行"的行政逻辑使得基层政府在上级交办的任务面前必须克服万难去完成。同样值得关注的是，"比学赶超"在全市各个层级都存在，并且市、区两级政府均有一定比例的工作人员已经意识到数字化转型将为提升部门整体效能提供重要契机。

如表2-8所示，当前制约政府部门数字化转型的因素包括组织因素、人员因素和数据因素等。从组织维度看，各级政府处级领导干部均将"业务流程再造、协同难"视为最主要的影响因素，而且越到基层，干部的感受愈加明显。各级政府均有超过50%的被调查者表示"单位（部门）内部各系统对接、基础平台兼容整合难度大"是制约数字化转型的主要障碍。超过70%的基层干部感受到"上下级或条块间数据共享机制不健全、难以有效互通"，尤其是在自上而下的数据赋能方面，越到基层干部的获得感越弱。"横向部门间组织壁垒、利益壁垒和数据壁垒问题突出"也是制约区和街镇数字化转型的主要障碍。此外，组织层面的因素还包括"数字化转型容错机制或责任追究机制不健全"等。值得关注的是，市级层面有接近1/3的被调查者认为"业务不适合数字化转型"也是主要障碍之一，但是该比例在区级层面锐减，在街镇层面为零。这似乎表明数字化转型与基层业务的匹配度更高，越到基层数字化转型的有为空间更加广阔。

从人员维度看，"干部队伍整体数字素养不高、数据意识尚未形成"是制约数字化转型的最主要因素，而且越到基层这个问题愈发突出。同时，"信息化人员业务能力跟不上技术变革新要求"也被认为是制约数字化转型的主要障碍。值得关注的是，没有被调查者选择"领导对数字化转型工作不够重视"这个选项，这表明尽管"领导重视"是推进各项工作的重要影响因素，但在领导已经对数字化转型足够重视的情况下，再强调领导重视已经不能显著提升数字化转型效能。

从数据维度看，"数据的采集权、管理权和使用权不明确"是制约数字化转型的最大障碍。"数据存在碎、乱、错、旧等问题"也是主要障碍之一，而且越到

表 2-8　您认为当前制约本单位(部门)数字化转型的主要障碍有哪些

	选　项	全市	市级	区级	街镇
组织因素	业务流程再造、协同困难	72%	64%	80%	100%
	预算限制、绩效考核指标不明确	56%	59%	40%	75%
	单位(部门)内部各系统对接、基础平台兼容整合难度大	56%	55%	60%	50%
	上下级或条块间数据共享机制不健全、难以有效互通	56%	45%	70%	75%
	横向部门间组织壁垒、利益壁垒、数据壁垒问题突出	39%	32%	50%	50%
	数字化转型容错机制或责任追究机制不健全	25%	23%	30%	25%
	业务不适合数字化转型	22%	32%	10%	0%
人员因素	干部队伍整体数字素养不高、数据意识尚未形成	69%	59%	80%	100%
	信息化人员业务能力跟不上技术变革新要求	58%	59%	60%	50%
	领导对数字化转型工作不够重视	0%	0%	0%	0%
数据因素	数据的采集权、管理权和使用权不明确	86%	86%	80%	100%
	数据存在碎、乱、错、旧等问题	58%	50%	70%	75%
	公共数据质量不高,颗粒度不够	58%	55%	70%	50%
	数据来源有限,"神经元"密度不够	56%	45%	80%	50%
	数据安全不可控	42%	50%	30%	25%

注:四舍五入取近似值。

基层问题越突出。区级层面对"公共数据质量不高、颗粒度不够"和"数据来源有限,'神经元'密度不够"的感受较市和街镇更为强烈。值得引起重视的是,市级层面数据安全风险防范能力最强,但对"数据安全不可控"的感知也最为强烈。而在区和街镇层面,数据安全意识相对薄弱,干部大多将精力放在开发数据应用场景上。

对此,超过 86% 的处级领导干部认为要"建立统一数据规范、指标体系",超过 83% 的干部认为要"健全配套法律法规和监管体系",超过 75% 的干部认为要"加强跨层级、跨领域、跨系统、跨部门、跨业务数据协同",这三者被认为是推动数字化转型最关键的发力点。此外,约 56% 的干部认为"信息化建设标准不明确,缺乏价格参考范围",约 53% 的干部认为"亟待建立政企合作共赢机制",约 44% 的干部认为"干部队伍数字化转型的意识和能力亟待提升",约 42% 的干部认为"与技术公司合作的边界需厘清",这些因素同样也被认为是上海市推动数字化转型工作需要关注的重要方面。

如表 2-9 所示,上海市处级领导干部认为在强化"数字素养"方面,最需要提升的能力由高到低依次为"运用数字化工具解决实际问题的能力""数据分析研判能力""对前沿技术的理解和运用能力""数据采集能力"。由于数据采集工作主要集中在街镇及村居层面,因此,街镇干部对"数据采集能力"的需求明显高于市级和区级层面。需要引起重视的是,数字化转型应当是一项安全与发展并重的工作,但是各级政府均无一人提及数据安全层面的能力提升,这与领导干部数据安全意识和数据安全工作本身的专业性有关。

表 2-9　您认为强化"数字素养"教育,重点要提升哪些方面的能力

选　　项	全市平均	市级	区级	街镇
运用数字化工具解决实际问题的能力	92%	86%	100%	100%
数据分析研判能力	78%	77%	80%	75%
对前沿技术的理解和运用能力	64%	64%	60%	75%
数据采集能力	28%	23%	20%	75%

注:四舍五入取近似值。

如表 2-10 所示,从三个主要维度衡量上海市处级领导干部对数字化转型的绩效感知。第一,从数字化项目投入产出情况看,从全市来看,超过七成的领导干部认为数字化项目投入产出存在合理性;但街镇层面分别有 50% 的干部认为"耗资巨大,投入远高于产出",需要引起关注。第二,从技术与业务融合情况来

看,超过四成领导干部认为存在技术与业务"两张皮",线上线下不衔接问题,这个现象在街镇尤其明显。第三,从数字化项目的获得感上看,约64%的干部认为政府数字化项目距离"实战管用、干部爱用、群众受用"还存在很大差距,区级层面对这种差距的感知最为强烈。这些效能如果得不到释放,将会影响数字化转型的可持续性。

表 2-10　上海市数字化转型绩效感知

选　项	全市平均	市级	区级	街镇
政府数字化项目耗资巨大,投入远高于产出	28%	32%	20%	50%
技术业务"两张皮",线上线下不衔接	42%	32%	40%	100%
政府数字化项目距离"实战管用、干部爱用、群众受用"还存在很大差距	64%	64%	70%	50%

注:四舍五入取近似值,百分比呈现的是"同意"的人数比率。

没有数字化就没有智能化,智能化是数字化深度应用的结果。总体上看,上海市已经形成了一批在数字化水平上处于领先地位的机构和区域,这些机构和区域也在城市智能治理中贡献了不少应用场景。但与此同时,上海市也存在基础数据不完善、体制机制不配套、数字素养跟不上等共性问题,这些因素在制约数字化转型进程的同时,也制约了城市智能治理的普及和应用。这也使得人工智能应用对上海城市治理的嵌入主要表现为"点"上突破,并没有呈现"燎原之势"。当然,这与人工智能技术应用成熟度、技术应用成本及其伦理规范等治理制度建设不完善也不无关系。但值得关注的是,尽管人工智能技术对地方政府智能治理的嵌入较为零散,但其在推动城市精细化、智能化治理中的突出作用已经得到显现。

第三节　上海市人工智能应用助推城市治理的典型场景与主要特点

人工智能应用对地方政府城市智能治理的影响主要表现在解决稀缺性、复杂性和不确定性问题上。稀缺性主要指政府能够投入到城市治理中的领导注意力、人力资本、体制机制红利和财政资金等行政资源相比于不断攀升的城市治理需求而言是高度稀缺的,人工智能技术旨在缩小和弥合资源与需求之间的"鸿沟"。复杂性表现为城市已经越来越成为承载高流动性、高密度性、高关联性的治理活动和治理要素的聚合空间,城市建设、发展、运行、治理各方面情形交织盘结,已经成为名副其实的复杂巨系统,人工智能技术旨在通过更多去人工化的方式感知、发现和识别复杂系统中的异常、偏差和谬误。不确定性指城市中各类市场主体和社会主体的流入和流出、突发事件对城市复杂巨系统的干扰和破坏等因素都是高度不确定的,城市作为有机体和生命体只能被动承受和应对,难以提前规划或躲避,人工智能技术旨在通过提升效率或增加巡查频次等,降低风险带来的损失。基于上海市的案例研究表明,人工智能应用在城市智能治理中更多发挥"助推"作用。概言之,人工智能技术本身并没有带来颠覆性的组织革命,智能治理效能的释放得益于人工智能技术助推下技术因素与非技术因素协同作用的结果。

一、 人工智能应用助推最小管理单元治理模式创新

最小管理单元是指城市运行中的最小数据孪生应用场景。最小管理单元基于城市智能体参考框架,融合企业云、大数据、AI、边缘计算、5G等多种先进技术,在静态建模基础上叠加多维实时动态数据,对区域内的"人、物、动、态"进行全面感知和管理,并构建系统化数字生命体征,实现城市运行管理的实时预判、实时发现、实时处置。上海市黄浦区在市城运中心指导下,相继开发了以商业楼宇、高层住宅小区、沿街商铺和商住混杂的石库门里弄等为载体的最小管理单元,形成了城市运行最小管理单元治理模式。最小管理单元智能体治理体系还涵盖了建筑物地下管线、地铁运行情况等数字孪生场景,实现了对建筑物内外、上下、静动态状况的完整呈现和城市运行管理要素的全面感知。

最小管理单元中涉及的人工智能应用包括人脸识别、图像识别、动作捕捉、自动告警、自动派单等。如利用智能摄像头识别沿街店铺跨门经营、乱堆物、共享单车乱停放、路面积水结冰等现象，发出预警信号并形成工单。但启动人工智能应用需要铺设大量的传感元器件（如架设摄像头、配置无人机等），但是这些设备如果由政府安装，不仅消耗大量财政资金，而且不容易得到市场和社会主体的理解和配合，这就要求城运中心在推进这项工作时必须转变思路，谋求政府、企业和社会主体的协同共治。

第一，建立责任清单，明确各类主体责任。上海市黄浦区在启动最小管理单元智能体之前，首先对企业、政府和居民各自需要承担的责任进行了逐一梳理，在厘清政府与各类治理主体间的责任和分工的基础上，明确了不同治理主体的责任清单。例如，在责任清单中，消防安全、避免高空坠物、商业体日常消杀等责任被要求落实到具体岗位。在此过程中，政府、企业和市民在城市运行中的主体责任得到切割和明晰。具体而言，政府不能包办代替承揽城市运行全部责任。城市治理应当首先落实企业和市民的主体责任，政府发挥事前指导、事中监督、事后处突和兜底作用。真正营造"城市是主场，企业是主体，市民是主人"的城市治理现代化模式。

第二，形成五级闭环，完善责任落实机制。建立各类主体的责任清单后，还需要有具体的工作机制来推进责任清单的落实。对此，上海市黄浦区联动城运日常管理、应急救援处置和政务服务，形成政府、市场和社会等不同主体联动贯通的"五级闭环"机制。"五级闭环"即岗位责任闭环、市场主体闭环、城运闭环、应急处置闭环和两网融合闭环。具体而言，细小的城市管理问题首先通过岗位闭环来完成，并且由市场主体通过落实内部管理责任来确保岗位上的人员履职尽责。当相应人员"脱岗""失责"且市场主体没有或无法实施有效的补救措施时，城运监督平台发起预警并实施干预，这时候才需要投入相应的政府资源。遇到突发事件时，启动应急处置程序，由职能部门配置专业力量来化解风险、减少损失。同时，通过"一网统管"与"一网通办"的数据共享、业务对接、流程再造等,推动"两张网"深度融合,让管理与服务更加精准高效地匹配到特定的市场主体和社会主体。

第三,做实五级建制,强化线下处理力量。上海市黄浦区高度重视智慧城区建设,从纵向组织体系上看,在打通"市、区、街"三级城运平台的基础上,将治理触角从社区拓展到商务楼宇,形成了"市、区、街、站、楼宇"五级建制的更加精细化、精准化、精确度更高的治理体系。同时,将以往按照部门职能划分责任网格的做法调整为统一划定综合网格,在全市率先完成"多格合一"工作。为此,黄浦区制定了《黄浦区推进"一网统管"综合网格建设工作方案》,以公安警务责任区边界为基准,统筹传统网格、社区工作站、城管执法、市场监管等责任片区,重新划定网格边界,建立集党建、综治维稳、社区、警务、综合执法、经济、绿化等多功能为一体的综合网格。综合网格建设能够有效解决以往业务网格碎片化问题,降低网格中不同处置人员之间的协调成本,提升协同作战效率,通过体制优化释放处置效能。

此外,城市智能体建设离不开配套基础设施的更新、升级和铺设。截至2020年11月底,上海市黄浦区600余个小区千兆网络接入能力全覆盖,建成万兆楼宇420幢。5G、WiFi等无线网络基站覆盖率全市领先,其中,5G室外基站累计建成达到849个,基本实现全区域室外空间连续覆盖,重点区域下载速率达到千兆级。在城域物联专网建设方面,黄浦区围绕公共安全、公共管理、公共服务实际需求,统筹规划全区物联网感知端建设,根据区域特点按需分布,数据信息多部门共享共用,构建多层次、深覆盖的城区感知"神经元"。全区物联感知节点广泛布局,"神经元"系统不断完善,累计部署各类物联感知终端近5万个。在数据汇集方面,黄浦区建成人口和法人基础数据库,区大数据平台汇集政务、视频、物联、地图等1.5亿多条数据,形成"纵横贯穿"的区级数据中台。"纵向"完成市、区大数据资源平台级衔接,打通市区数据互联互通渠道,实现市区条块数据的联动共享;"横向"打通区内各部门、街道数据共享交换通道,共享数据超过1300万条,数据中台赋能作用初步显现,为智慧城区、城区大脑以及

"两张网"建设和融合推进提供了基础支撑。在技术赋能高效处置方面,黄浦区建立了"大中小"三屏运行联动模式。"大屏"指城运大屏,区领导、部门负责人和城运工作人员能够实时全程查看事件处置动态;"中屏"指 PC 端,承载人工和智能发现事件的派发、核查和监督功能;"小屏"指移动端,依托政务微信小程序或轻应用等开展事件的实地处置和动态结果反馈。黄浦区还在政务微信中部署了重点区域客流实时监测、高效处置一件事、综合联动指挥、小型建设工程四大类 45 项功能模块小程序,为城区运行管理提供线上移动办公工具。

二、 人工智能应用助推"共享校园"释放滨河空间

2020 年突如其来的新冠肺炎疫情几乎让所有的大学都不再允许公众随意进出,让大学校园承载的公共空间功能大幅缩水。但是,2021 年 9 月,上海市在智能防护的基础上引入"共享校园"模式,在区域内重要河道岸线的滨河步道空间和大学校园腹地之间的硬性分隔改为建筑立面、花箱组合以及竹篱笆等软性分隔,并部署智能安防装置来提升校园的安全性和游客的体验度。此举让华东政法大学的 27 座历史保护建筑全部融入城市滨河空间,将最美好的城市岸线资源和"国宝级"历史风貌建筑全部向公众开放。共享段岸线总长 901 米,3 米宽的沿河步道由东向西串联了 10 个人文景观,滨河公共空间面积达到 2.1 万平方米,成为上海市打造"一江一河"的崭新特色地标。[1]在"共享校园"模式中,智能技防措施在其中筑起了"看不见"的安全防线。

为了应对可能出现的大客流,滨河空间所在的长宁区和华东政法大学组建了联合指挥部,双方达成共识由华东政法大学向长宁区共享滨河空间视频数据,长宁区汇聚公安、自有摄像头和外部共享的视频图像资源,基于 AI 企业提供的算法进行客流密度的智能监测、自动评估和分级预警。当智能分析结果"观测"到客流趋于集聚之势时,城运中心就通过移动端政务微信综合派单系统

---

[1] 周渊. 苏州河华政段"一带十点"特色景观今天开放. [EB/OL]. (2021-9-23) [2022-5-5]. https://www.163.com/dy/article/GKIFBKC405506BEH.html.

自动派单（长宁区 95％的城运综合派单都是通过自动化方式实现的），由智能机器人自动打电话给街道指挥长、华东政法大学指挥长、现场街面指挥长等相关负责人员，确保出现人群聚集后能够及时联动现场工作人员进行有序疏导，避免出现大客流聚集等安全隐患。

图像识别技术能够在长宁区得到如此大规模的运用，得益于三个优势。第一，有业内知名的人工智能企业与长宁区开展项目合作，长宁区自身也为孵化人工智能企业和培育人工智能产品提供了良好的营商环境和重要的社会实验场所。如长宁区的北新泾街道专门开辟出社区公共活动空间，供人工智能企业入驻产品进行用户试用，这项合作采取"双向免费"模式，企业入驻并使用社区公共空间陈列产品，不需要向街道和社区缴纳费用；街道和社区居民在社区公共空间使用企业陈列的产品（如 AI 教育、AI 运动等），也不需要付费。企业通过用户使用数据来分析研判 AI 产品的市场前景，如果被市场淘汰，空间就腾出来陈列新的产品，由此形成了以人工智能应用为媒介的经济数字化转型与生活数字化转型深度融合的社区生活形态。第二，无论是长宁区城运中心还是其合作的人工智能企业，与公安的合作均较为密切。借助于公安视频数据共享的赋能和技术支撑，长宁区"以图找人""以态找人"能力极大提升，显著释放了治理效能。实践表明，这也能够"反哺"公安自身提高案件破获率。第三，长宁区本身自有摄像头密度非常大。这使得长宁区在这轮数字化转型中并没有花费太多投入用于摄像头硬件基础设施的铺设和改造，但却开辟出不少基于图像识别技术的应用场景。

此外，如果有未戴头盔的"骑手"经过，智能摄像头也会将其识别出来，并由交警部门进行提醒、教育和处罚。上海市交通管理部门已经开发了能够准确识别"骑电动自行车不戴头盔"这种状态的算法，极大降低了街面执勤的难度，提升了电动车驾乘人员的出行安全。

三、人工智能应用助推垃圾分类绿色生活"新时尚"

上海市较早在全国推行生活垃圾分类，并采取"定时定点"垃圾投放的做法。绝大多数居住区生活垃圾厢房开放时间为早上 2 小时、晚上 2 小时,其余时间不能投放垃圾。"定时定点"对推动生活垃圾集中投放、指导员集中指导、保洁员集中分拣、生活垃圾集中运输等方面起到了积极作用。尽管绝大多数居民都能在垃圾厢房开放时间投放垃圾,但也不可避免会有人在非投放时间将小包垃圾丢弃在垃圾厢房外。为了提高小包垃圾治理效率,上海市不少社区率先在垃圾厢房前安装智能识别摄像头。当有人将垃圾袋投放到垃圾厢房门口时,摄像头会自动识别出小包垃圾,发起告警并生成工单。在智能发现的基础上,一些社区开始完善后续处置流程。一般地,智能摄像头发出的小包垃圾告警先传到物业、保洁员或居委等垃圾分类管理责任人,由其在规定时间内将小包垃圾清除掉。若超出预先设定的时间没有清理的,工单会流转到街镇城运中心,由街镇城运中心进行督办。如街镇城运中心在规定时间内也未能督办办结的,未来还将进一步流转到区绿化市容管理部门。目前,人工智能应用于小包垃圾识别遇到三个主要问题:一是由于并没有统一的生活垃圾袋,因此居民装生活垃圾的袋子颜色、大小、形状各不相同,即便前期有大量图片训练,智能摄像头识别率也不到 90%,容易产生误报。此外,有的保洁员会将垃圾桶放在厢房外面让居民来扔垃圾,这种情况系统也会告警。针对误报现象,目前只能由街镇城运中心工作人员调取图片进行二次人工识别并手动取消工单。二是考虑到智能摄像头安装和租用成本,一般垃圾厢房仅配备 2 个识别小包垃圾的智能摄像头,这 2 个摄像头只能朝着垃圾厢房限定区域,周边会形成较大的盲区,一些在监控盲区被丢弃的小包垃圾难以被及时发现和清理,影响小包垃圾智能治理的整体效果。三是存在个人信息超范围采集和泄露隐患。智能摄像头在识别小包垃圾的时候,也具备人脸识别的能力,一般地,技术公司承诺可以对人脸进行模糊化处理,但如果这些人脸数据被不当采集或超范围使用,可能造成居住在小区内特定居民的个人信息泄露。但是技术公司是否真正能够做到"所行如所言",单靠区、街镇、居住区工作人员的能力很难进行有效甄别和防范。

上海市在生活垃圾分类治理方面除了推进小包垃圾智能识别探头外，还试点在垃圾分类厢房内安装能够识别垃圾纯净度的智能探头。由于上海市采取四分类模式，即干垃圾、湿垃圾、可回收物和有害垃圾，并且市绿化和市容管理部门对分类纯净度达标要求逐年提升，以往依靠志愿者现场开袋检查和保洁员二次分拣的模式高度依赖人力投入和政府补贴，而且作业环境恶劣，长期来看无论是志愿者招募还是政府补贴都会成为问题。因此，在现场督导员、志愿者和分拣员及其配套补贴逐渐撤出的背景下，如何继续保持生活垃圾分类纯净度维持在较高水平，部分居住区开始探索在垃圾厢房内安装智能探头，当探头捕捉到湿垃圾中混有干垃圾等混投现象时，会自动发出告警。但是由于生活垃圾种类繁多，混投程度也很不一样，有些属于业主或租户不熟悉分类要求的严重混投，有些属于无意识的少量混投，因此纯净度识别的准确率还不太高。

值得一提的是，上海市周边一些城市采用了智能垃圾厢房的模式，但是上海市绝大多数基层在进行总体评估后没有贸然将垃圾厢房整体进行智能化改造，只有少量小区安装了智能垃圾厢房，对此上海并没有"一刀切"。智能垃圾厢房是多个智能化应用的组合，包括图像识别纯净度、图像识别小包垃圾、垃圾满溢提醒、刷卡或扫码后自动开启垃圾厢房门等，还可以实现垃圾投放者和投放垃圾的关联与追溯。当然，由于智能垃圾厢房大多数时候处于无人值守状态，如何保证垃圾分类的纯净度成为绿化和市容管理部门最为关心的事项。换言之，短期内要保证智能垃圾厢房内垃圾纯净度，街道和社区实际上要投入更多的管理力量，如果安装智能垃圾厢房的户数很多，后期管理能力和巡控力度显然跟不上。此外，智能垃圾厢房工艺还不够成熟，居民刷卡投放垃圾，容易出现排队现象。

生活垃圾分类工作如何从"人海战术"转向"技术赋能"，如何从1.0阶段的"人＋桶"模式转向2.0阶段的"智＋桶"模式，成本收益变化是能不能实现转型的重要因素。表2-11对不同模式的投入变化进行了初步测算。

表 2-11　"人＋桶"与"智＋桶"投入变化

补贴来源	生活垃圾分类	"人＋桶"	"智＋桶"	备　注
市级补贴	示范街道(单位达标率 95％以上)	500 万元/街道(分期补贴)	/	/
	可回收物点、站补贴	/	智能回收箱 1 万元/台	/
区级补贴	保洁员二次分拣补贴	500 元/人·月	四探头设备租赁和网络服务费 7000 元/月(每年报价不同)	杨浦区全区人工成本几千万元,探头成本 300 万元,而且探头 24 小时全天候
	志愿者引导员等	15 元/人·小时		

资料来源:市、区、街镇绿化和市容管理部门访谈记录,2022 年 2 月。

总体上看,生活垃圾分类想要从"人＋桶"的 1.0 阶段向"智＋桶"的 2.0 阶段过渡,还需要过渡时间和容错空间。

四、 人工智能应用助推"AI+社区"高品质生活场景

社区是城市生活的重要载体,安全、干净、有序是社区治理的基本要求,高品质生活是社区建设追求的目标。人工智能应用在社区中的助推作用,主要体现在保安全、强管理和优服务三方面,其中"强服务"的功能尤为突出(见表 2-12),这表明"AI＋社区"本身对于高品质生活的追求。

表 2-12　"AI＋社区"典型应用

保安全	强管理	优服务
● 智能门禁减少群租 ● 水电表走字异常智能预警	● 小包垃圾智能监控 ● 电动自行车进电梯智能梯控	● 智能健身器械、智能健身步道(口袋公园) ● 疫苗智能语音催打、慢病患者语音回访 ● 智能药箱提供常备药物 ● 自助借书柜预测读者需求 ● 社区学校全息投影

(一) 保安全：AI 赋能早发现

智能门禁系统的基本特点是以实名登记方式将进门权限与使用者的姓名、身份证号、手机号、家庭住址甚至是生物信息等进行一一对应，精准感知每家每户的人员居住和进门状况。智能门禁系统是重要的安防设施，在减少群租、入室盗窃和其他闲散人员进入楼栋等方面，具有一定的"屏障"作用。近年来，上海市一些安装了智能门禁系统的小区，群租现象有所减少。具体而言，智能门禁系统精准记录每户每天的进门次数（尾随进入或故意不关防盗门的情况除外），相关部门通过边缘计算的方式提供服务响应，超出阈值[1]就会发出预警，并通过线上线下协同的业务流程联动传输给居委工作人员，由居委干部上门了解情况，从而提升社区安全风险隐患事前预警、预判、预防能力。

为了确保进门信息全记录，智能门禁系统改变了传统用机械钥匙开门的方式，采用诸多替代方案：一是人脸识别开门。登记过人脸信息的业主，走到智能门禁系统的人脸识别装置前"扫脸"就可以解锁开门。二是感应卡开门。住户只需要将感应卡带在身上，步行或骑行到距离门较近的地方，智能门禁上的接收器就会感应到感应卡上的磁条，自动开门。三是门禁卡开门。住户携带门禁卡，到门口后刷卡开门。四是手机或座机开门。智能门禁系统将住户手机号码或座机号码与家庭住址绑定，来客按门铃后，信号直接传输到手机或固定电话上并提示为来电，显示为一串不确定的电话号码，业主接听后直接在手机上按键开门。手机或座机开门往往支持多个手机号码，按照预先设定的优先于逐一呼叫。业主即便在外上班，也能够为家人远程开门。五是二维码开门。在智能门禁上贴有二维码，预先登记过信息的业主直接用手机扫码开门。其他访客扫码登记信息后进门。六是随申码开门。来客直接在扫码桩上扫一扫随申码，如果是绿码，就自动开门，如果是红码或黄码，就不会开门。

总体上看，智能门禁系统都需要用户让渡一定程度的个人信息来换取楼栋

---

[1] 如有的小区将每户注册人数超过 6 人或开门次数大于 20 次设为阈值。

和小区的安全升级。上述每种方案也各有利弊（见表2-13），因此，不少居住区在实施过程中会提供2—3种组合方案供住户选择。

表 2-13　智能门禁不同方案比较

	利	弊
共性部分	● 对住户实施精准管理，降低社区安全风险隐患	● 绑定"开门"动作的个人信息过多
人脸识别开门	● 解放双手 ● 不用担心忘带钥匙	● 需要提前采集生物信息，存在敏感个人信息泄漏风险
感应卡开门	● 省去了掏卡、刷卡动作	● 忘记携带 ● 磁条消磁
门禁卡开门	● 与钥匙差别不大	● 丢失后只能找制卡公司付费补卡
手机或座机开门	● 不需要携带钥匙或实体卡 ● 支持远程手机开门 ● 支持多号多人开门 ● 不需要安装对讲机	● 如果绑定工作手机，易打扰用户工作 ● 需要自费安装固话或专门在家中放置一部手机充当对讲机 ● 存在数字鸿沟，老人和孩子操作不便
二维码开门	● 不需要携带钥匙或实体卡	● 在互联网端采集个人信息存在隐患 ● 将个人信息采集范围从业主、租客延伸到访客 ● 信息登记对老人和孩子不友好 ● 给外卖和快速人员开门不方便
随申码开门	● 适合小区主入口新冠疫情风险排查	● 不适合楼栋 ● 将未做核酸变码色的住户阻挡在外

资料来源：根据公开资料整理。

（二）强管理：AI赋能精细化

2021年以来，上海市不少小区开始在电梯中安装"梯控"装置，防止电动自行车进电梯。人工智能在梯控方面的应用主要指在电梯中安装智能摄像头，将其连接后端服务器，当摄像头识别电梯中存在电动自行车样子的图片后自动发出告警，并阻止电梯门关闭。电动自行车车主一般收到电梯内发出的语音提示后，就会自觉将车推出电梯。人工智能"梯控"应用的技术逻辑是将市面上的电动自行车照片存入服务器,然后将拍摄到的电动自行车与服务器上的电动自行车照片进行匹配,实践中如果电动自行车被遮盖,摄像头就无法实现有效识别。同时,电梯属于特种设备,当产生告警并阻止电梯门正常关闭时,实际上已经影响了电梯的正常工作,带来电梯安全运行风险隐患。

(三) 优服务:AI 赋能大健康

上海市智慧社区建设示范点汇聚了大量人工智能应用场景,无论是在新冠肺炎疫情防控、无感接触,还是在为老服务、社区健身等领域,AI 赋能大健康的表现越来越突出。

"AI＋健身"[1]治未病。上海市某小区将社区公共健身房中的跑步机、骑行机、拉伸机等各种运动器械进行智能化改造,"体魔方"可以联网无感化记录使用者的运动数据,并向居民提供健身指导和数据查询等服务。一是基于居民的医学健康信息智能甄别和遴选合适的健身器材,并结合居民的运动量给出具体的科学健身提示。[2]如使用者血压、心率偏高不适宜剧烈运动,系统会自动发出提示。二是通过动作捕捉等智能交互技术,提供自助式、科学化和个性化的健身服务。这相当于为每位使用者配备了一位实时在线的"私人教练",指导和帮助使用者正确使用运动器械,避免使用过程中的不当操作造成损伤,帮助其更好提升运动效果,增加健身乐趣。三是根据居民基础数据、卫健委健康档案和家庭医生服务数据等进行综合分析,为社区居民提供个性化的运动"处方",为社区居民提供精准化、精细化和个性化的智能健身服务。

"AI＋医疗"治慢病。老年人群体是最主要的慢病患者群体,在上海市试点小区,AI 在辅助慢病管理中发挥了有益的作用,实现了居民体质体征数据的实时传递与精准推送。上海市某小区为居民提供了体质测试和体征检测设备,居民体检产生的血压、血糖、尿酸等数据实时上传到云端汇集和处理,并通过人工智能技

---

[1] 相关材料由上海市智慧社区建设示范点提供,2021 年 6 月 22 日。

[2] 高东方.体医结合背景下 AI 智慧健身社区的构建与应用对策研究[J].当代体育科技,
2022，12(01):98—102.

术实现精确跟踪和推送，家庭医生可以通过云端系统了解居民的体检状况。

　　智能医生助理语音呼叫。智能医生助理能够以模拟家庭医生电话巡诊的方式，自动呼叫、询问、对话，并自动记录体温、服药次数、身体状况等信息。这在一定程度上减轻了家庭医生的工作负担，帮助其节省时间和精力用于更需要关注的人群身上。

　　智能语音呼叫。上海市智能语音呼叫已经被部分社区用于疫苗催打、服药提醒、健康回访等场景。智能医生助理语音呼叫系统能够由机器人模拟电话巡诊的方式，自动呼叫、询问、对话，并自动记录体温、服药次数、身体状况等信息，更好优化家庭医生资源配置，并进一步提高社区干部工作效率。社区智能语音呼叫系统的基本原理是通过前端信号处理、中端语音语义识别和对话管理、末端语音合成等完整的语音处理系统，在被呼叫对象难以察觉情况下流畅地完成对话，并通过图像识别等技术自动完成表格填写与台账记录，已被应用于街道疫苗接种提醒、慢病患者定期服药提醒与健康问询等工作中。截至 2020 年 5 月，人工智能语音识别技术的准确率可高达 98%，能够识别超过 23 种方言。[1]

第四节　上海市人工智能应用赋能城市治理的突出问题与深层诱因

　　人工智能应用对城市智能化治理的嵌入所反映出来的各种各样的问题，实际上是技术治理背景下治理困境的缩影。许多智能化过程中产生的问题，实际上并不是"技术"性的问题，而是对体制机制问题的放大。换言之，无论何种技术都不能解决管理中存在的问题，技术只会放大管理的缺陷。

一、技术角逐背后的平台分割与体制博弈

　　精准感知、准确识别与快速发现各类问题与隐患，是推动城市治理现代化

---

[1]　资料来源：科大讯飞，2021 年 6 月 21 日。

的基本前提。日益普及的人工智能应用为加速推动地方政府治理数字化转型提供了新的技术支撑和新的解决方案。在此基础上，上海市形成了集主动发现、自动发现与被动发现于一体的城市运行态势感知体系。

表 2-14　上海市城市运行管理体系"发现问题"的三大途径及其支撑系统

问题来源	描　　述	主要支撑系统	典型问题举例
主动发现	执法部门日常监督执法中发现的问题	市场监管局、城管执法局等部门日常监管与执法业务系统（职能部门内部专业化业务系统）	餐饮单位后厨出现蟑螂
	网格员日常巡查发现问题	城市网格化管理平台（上海市住建委城市精细化管理平台）	乱贴小广告
被动发现	市民向政府反映的问题	12345 市民服务热线系统	停水停电
自动发现	运用"神经元"等智能感知设备自动识别的问题	城运中心部署的"神经元"器件，职能部门自建感知体系，数据接入城运中心平台	高层建筑玻璃幕墙松动

然而，如表 2-14 所示，上海市三种发现途径的信息系统并不整合，导致相同问题通过不同渠道反映，工单处置时间要求不统一。如网格化管理要求最多 3 天完成处置，而热线流程最长的反馈时间是 14 天。同时，不同途径的工单流转标准不统一，由于系统未整合，目前工单都是在各自系统内流转，而不是按照最短路径、最简流程、最快速度、最小成本、最高效能在流转。

此外，12345 热线与城市网格化管理背后的体制安排与运行机制截然不同，系统整合障碍重重。具体而言，上海市 12345 市民服务热线管理办公室设在市政府信访办，联动市政府职能部门和电力、燃气、供水等企事业单位，为市民提供非紧急类公共事务热线服务。热线采用"1515"限时办结原则，由呼叫中心话务员将无法直接解答的问题转交区办理，后者需将办理结果反馈给热线。市领导、市监察部门和市政府督查室"三位一体"对热线工作进行督办，解决率、处理效率与满意率也被纳入热线工作绩效考核指标。然而，上海市的网格化管理系统最早在区级层面使用并向街镇、村居延伸，网格化管理工作的主管部门是市住建部门,城乡建设和交通发展研究院(数字化城市管理中心)负责网格化管理平台建设。网格化管理的运行机制是通过网格员巡查发现、现场处置和结果反馈等闭环管理机制,推动城市管理中简单高频事项的动态处置,实现安全、干净、有序的城市管理目标。随着网格化管理工作重心的不断下沉,属地管理的特点更加鲜明。概言之,上海市 12345 热线强调的是联动"条"的专业性职责,而网格化管理系统强调的是做实"块"功能的属地管理职责。

二、　技术扩散背后的商业与治理逻辑交锋

公共部门智能化治理中的数据汇聚模式与商业部门数据采集模式存在差异(见表 2-15)。

表 2-15　私人部门数据采集与公共部门数据汇集差异比较

主要差异	私人部门数据采集	公共部门数据汇聚
工作目的	无目的:先采集数据,再思考数据能得出什么结论	有目的:先提出数据使用需求,再采集和共享数据
数据加工	未加工:各类行为数据、声音数据、图像数据等	已加工:主要是职能部门的业务数据,都是服务于履职需要的已加工的数据
信息沟通	无沟通:数据产生者与服务提供商之间事先没有沟通(格式化的知情协议除外)	有沟通:政府事先会对数据采集共享进行事先沟通,必要时还需要领导强压
共　　性	节能存储、便于使用、安全防盗、并行计算、实时处理	

首先,从数据采集和汇聚的目的性看,商业部门采集数据是无目的性或泛目的化的,依靠采集数据的情况来考虑通过这些数据能够得出什么结论。政府部门间数据共享有两种形式:一是针对工作中需要的特定部门数据,有目的地向其索取;二是采用数据集中汇聚的形式,各部门提出数据使用需求,并向大数据中心汇聚跨部门数据共享需求较为集中的公共数据,这个过程同样带有目的性。因此,本质上,公共部门数据共享与汇聚的过程,都带有传统数据工作方法的痕迹。当然,数据按需归集,能够在一定程度上避免由于政府公共数据全量

集中而导致的数据安全风险过度集中的隐患。反之，如果无法超越传统数据工作思维，将延缓公共数据共享汇聚速度，并在一定程度上弱化大数据分析和使用的效果，限制地方政府智能化治理效能的发挥。所以，对于地方政府而言，迫切需要在归集规模与治理效能之间找到最佳结合点，并制定标准化的治理规则或以法律法规等正式制度的方式将其固定下来。

其次，人工智能算法开发离不开数据要素，而数据的生命力来自流通和应用，但公共数据与私人数据对接方面存在诸多限制，私人数据可以流向公共部门，但公共数据向私人部门开放的进展十分缓慢。2021年11月25日，上海市设立数据交易所作为数据流通交易的准公共机构正式挂牌成立，旨在解决数据交易确权难、定价难、互信难、入场难、监管难等关键共性难题；[1]截至2022年2月8日，共有两批40个数据产品挂牌交易，[2]首单交易产品为国有商业银行与电力公司之间的涉企数据。政府机关掌握的公共数据不能作为数据产品进场交易，但公共数据共享在探索推动中。上海市政府早已意识到医疗影像数据和病理数据共享能够推动AI诊疗等普及应用，对于提高诊疗效率降低误诊概率具有重要价值，最早由科委牵头推动医疗数据整合工作，而后由发改委牵头、由医联体开发平台，让医院把数据汇聚进来，但是实际推动起来难度较大，共享平台正在努力建设之中。

最后，治理体系内部也是目标多元与利益异构的。一是有显示度的项目有时不能解决基层治理的"切肤之痛"，而对于瞬息万变的新技术，有的基层政府表示缺乏动力。二是一些示范性项目具有独一性，难以被复制推广。基层治理场景和治理问题异质性高，简单的推广复制困难较大。三是越到基层，懂技术的人员越是匮乏。不少基层所站业务人员不掌握信息化基础知识，对数字化和

［1］ 上海市数据交易所揭牌成立，首批20个数据产品完成挂牌．[EB/OL]．（2021-11-25）[2022-2-8]．https://m.thepaper.cn/baijiahao_15551028.

［2］ 陈烁．上海市数据交易所第二批数据产品挂牌．[EB/OL]．（2022-2-8）[2022-2-8]．https://k.sina.com.cn/article_2568784360_991c89e8020012j8k.html?sudaref＝www.so.com&display＝0&retcode＝0.

智能化更是缺乏主动性。同时,基层对外包项目的后续监管能力不足,增加了数据安全风险隐患。四是对于不断推陈出新的提法,基层短时间内难以消化。五是人工智能应用存在"负能"趋势。智能发现、自动派单与闭环管理要求顺着区、街镇和村居链条不断向下传导压力,处置力量没有增加,干部队伍疲惫不堪。

三、　应用牵引背后的机制缺陷与能力不足

应用场景只是人工智能应用的最浅层次,要让人工智能技术更好地在地方政府智能化治理中发挥作用,必须要有合理的运行机制作为保障,否则技术只能停留于表面。现阶段,在机制设计上,还存在以下主要缺陷:一是机制设计的缺陷变得更加隐蔽——"有通道无流量"成为数据共享中的新问题。市、区、街镇三级平台的数据共享路径是通的,但是访问上级系统的难度较大。街道访问市级平台的数据只能申请公开的数据清单目录的数据,一般需要 15 天才能申请下来。对于不在数据清单目录里的数据可能不能使用或者 1 个月左右才能申请下来,等申请下来后数据往往已经不及时或不管用了。二是跨越数字鸿沟的配套机制不同步。如不少街道推出了远程呼叫为老服务,老年人只需要按一个键即可呼叫志愿者等工作人员帮困解难。但是这套系统本身是需要安装的,而这项工作却往往不被考虑在服务机制设计中。又如有的街道推出了人工智能语音呼叫,但是很多老年人连普通话也不会说,跟人工智能机器人对话时容易遇到各种各样的障碍。

与此同时,能力不足是制约人工智能应用提升地方政府智能化治理效能的重要掣肘。一是业务人员对数据采集边界认识不清晰。不少政府工作人员陷入了"应采尽采"的误区,盲目认为数据采得越多越好、越细越好,结果既增加了数据存储使用风险,又增加了数据安全责任风险。二是不少政府工作人员缺乏充分的数字素养,技术与业务对接裂缝较大。三是缺乏正确使用数据的能力。

第五节　人工智能应用驱动城市智能治理的
深层逻辑与瓶颈突破[1]

一、人工智能应用驱动城市智能治理的深层逻辑

总体上看，城市智能化治理是人工智能应用背景下城市治理能级的全面提升，是对传统网格化管理模式的大踏步超越，具有类似又有别于网格化管理的实现逻辑。表 2-16 梳理了两者的主要差异。

表 2-16　城市智能治理对传统网格化管理的超越

	网格化管理	智能化治理
城市运行状态	常态	常态、非常态
发现问题类型	城市建设管理领域的事部件问题	城市运行中的各类经济社会治理问题
发现问题方式	主动巡查	主动巡查、被动接诉、自动感知
发现问题时间	不连续	完整连续
发现问题数量	比较有限	显著增加
问题处置阶段	事后	事前事中
问题处置效能	过程留痕、结果反馈	在最早时间、以最小成本将问题化解在最初阶段
治理模式差异	"打捞沉没的声音"	"让听得见炮声的人呼唤炮火"
民众参与表现	少数民众（向政府表达利益诉求）	全体民众（允许政府出于公共利益使用个人信息）
企业参与表现	信息平台开发建设	企业向政府共享数据以达成双赢目标
协商参与表现	打造议事协商物理空间	提供议题和利益相关者的精准画像提供多元、便捷、透明、高效的参与渠道
终极治理目标	满足公共安全和公共服务均等化等基本民生需要	提供多层次、个性化、高品质的民生需要

---

[1]　本节主要内容已作为阶段性研究成果刊发，详见：叶岚. 智能技术驱动城市高效能善治[N]. 社会科学报，2022-2-24(3).

第一，提高城市治理问题的可见度。传统网格化管理将社会生活置于国家可见可控的范围内，保障从"单位制"向"街居制"转型后的国家政权稳定。具体而言，网格化管理通过网格员主动巡查发现问题，通过网格化管理中心将问题派单给联动处置单位，由联动处置单位在职责范围内解决问题。人工智能技术赋能城市智能化治理进而提升城市治理问题可见可视度的实现逻辑主要表现为四个方面：一是超越了传统网格化管理的事部件类型，将其延伸到常态与非常态下的各类经济、生活、治理活动。二是超越了传统网格化管理高度依赖主动发现的做法，集成了自动、被动与主动发现等多元机制，形成了覆盖全时域的城市感知网络。三是超越了网格化管理发现问题的数量和质量主要取决于网格员的主观意志和能力的人为性特点，实现了更加客观、更小颗粒度、更高效率和全量数据的精准感知能力，为新冠肺炎疫情防控下城市活动的可见可控提供了维护秩序和守护安全的屏障。四是形成了网格化管理所不具备的技术优势，如对比统计规律和个案特征，精准识别异常值；运用数据的完备性实现全量采集和精准画像，从而跨越传统抽样调查中用样本去估算总体的过程，实现了对总体的全量观察与完整呈现；低频长尾数据运用小数据的思维方式和工作方式，以线上线下相结合的方式开展精准治理、精细服务工作。因为长尾数据采集难度非常大、成本高、周期长，同大数据工具和手段反而成本收益比较高，反而不如用小数据工作方法能够获得更快速的反馈和更好的效果。

第二，加速治理需求与资源的匹配度。传统网格化管理在社会治理场域引入政府主动发现机制，部分回应了行政资源与社会问题不衔接的问题。但是，这种匹配是事后性的且局限于对简单问题的资源对接，几乎不具备对跨部门复杂问题的资源调集能力。如不少网格化管理中心为事业单位机构编制，协调不动政府职能部门的行政资源，无法应对复杂跨部门事项。城市智能治理能够借助智能技术前置资源匹配活动，变事后处置为事前事中响应，赶在民众表达诉求之前介入问题处置。如自动感知极寒天气下水管爆裂态势，在第一时间将问题工单派发给相关部门，由相关部门进行问题检修，极大地减少了居民用水中断问题工单的数量,保障了极寒天气下的居民用水安全。城市智能治理能够通过态势感知和关联分析,精准识别风险隐患,在最早时间、以最小成本将问题化解在最初阶段,提升资源匹配的效能。如定期派出无人机对高空店招店牌进行侦查,通过图像比对与智能分析察觉店招店牌松动坠落的"蛛丝马迹"并提前采取干预措施,确保在出现高坠风险之前排除安全隐患。城市智能治理还能够触发技术与治理革新,打破科层体系自上而下传递指令的模式,探索"让听见炮火的人呼唤炮火"的运作模式,促成资源的快速匹配与精准发力。如当台风等极端灾害天气来临时,城市智能治理体系能够将实时动态的气象数据同步传递给各级政府的相关部门,赋能一线抢险救灾人员迅速做出应急反应,减少潜在的人员伤害和经济损失;避免为了机械等待领导赶赴现场坐镇指挥或为了等待最新信息和指令的层层下达而延误最佳抢险时机。

第三,提高民众对治理过程的参与度。在网格化管理时代,民众的参与往往是个体化的、原子化的、有形的,反映的往往是不超出网格治理范围的局部性问题,几乎不存在全体民众同时参与的情形。但是,智能治理时代民众对治理活动的参与是全方位的,可以是有形的,也可以是无形的,存在全民在同个时空范围内就相同事项共同参与的情形。城市智能治理中的具体参与形式主要包括:一是授权城市管理者在最小范围内使用个人信息以达成公共利益的目的。如为配合新冠疫情防控需要个人允许政府使用自己的身份信息、位置信息、同行者信息等,这种参与是隐形的、全民性的、时空全覆盖的,深层作用机制是通过适当让渡个人信息以增进全社会的公共安全福祉。二是通过公共数据与私人数据的流通、交换、共享等方式,来完成公共部门或私人部门单方面均无法达成的治理目标,从而加速形成政府、企业和社会协同参与的整体性智治格局。三是为传统民主协商、公民参与模式提供更加精准的议题画像和利益相关者画像,并为自治主体提供更加多元、便捷、透明、高效的参与渠道。四是触发更高层次的城市高效能善治,让参与不再拘泥于周期性、程序化的形式,而是营造政府与民众之间稳定、持续的良性互动氛围,让参与成为一种习惯、一种生活方式。

二、 人工智能应用驱动城市智能治理的瓶颈突破

智能技术在城市治理中的应用主要面临四大瓶颈：一是人工智能技术主要是在垂直领域的深耕，缺乏应对复杂场景的通用技术。二是智能技术的主要功能仍局限于替代、提效和强化，预测能力十分薄弱。三是人工智能算法"黑箱"问题明显，可信赖的人工智能技术尚未普及，加之政府业务逻辑与单纯的商业运作逻辑的巨大差异，技术应用深度与政府智能治理需要之间存在较大"鸿沟"。四是商业领域较为成熟的智能技术向政府治理领域的跨界迁移现象较多，反向技术生成现象比较鲜见。为了更好突破这些瓶颈，一方面需要为技术创新提供更加宽松的环境，促进技术生长，做好技术储备；另一方面也要加强人工智能社会实验研究，为技术应用提供更加多样化的场景，并对智能技术可能带来的各种影响进行科学评估。

此外，智能技术在城市治理中的嵌入深度、应用水平和实际效能还受到诸多"非技术性"因素的影响。一是地方性微观文化。地方性微观文化既决定了特定城市或组织对技术创新的包容度，也决定了其对技术使用风险的宽容度。如青睐引进成熟技术的城市，可能会错失攻坚前沿技术的创新机遇；而热衷发明原创技术的城市，则需要承担更多创新所带来的不确定性。类似地，地方性微观文化决定了技术的使用方式能否被纳入地方性的共同认知。对技术创新和技术嵌入充满"排斥性"和"破坏性"城市，往往更容易受到技术刚性的消极影响；反之，如果技术作用对象的态度与技术使用程度之间的"耦合性"较高，技术更容易赋能城市韧性。

二是技术使用者的偏好与能力。技术使用者对实战性技术与陈列性技术的采纳情况决定了技术赋能的深度与智能治理的可持续性。陈列性技术具有较高的数字化绩效显示度，但是容易出现技术对业务的"脱耦"，"盆景"式的技术培育、资源密集型的技术呈现往往也很难借助创新扩散形成"苗圃"。实战性技术将技术的先进性与可视性置于次要位置，而主张以场景牵引、应用必要、业务嵌入、成本最小和效能导向为基本原则，致力于寻找实战管用、基层爱用、民

众受用的技术解决方案。

　　三是治理体系的结构与制度安排。智能治理的效果高度依赖数据、算法、算力和应用场景。由于数据天然流向监管高地,因此数据规则、安全保护、伦理规范、标准体系等越完善的地区,越容易吸引数据流入以满足更高的智能治理应用需要。以"组织孪生"和"业务孪生"为取向的技术嵌入,将会带来"数字冗余"并徒增治理成本;而以"整体政府"和"流程再造"为取向的技术嵌入,更有可能孕育出开放包容的治理理念和更加灵活敏捷的治理平台,实现部门利益让位于整体效能的善治方案。

第三章

算法社会地方政府数据安全治理策略优化

数据安全治理是人工智能应用下地方政府智能化治理中不容回避的问题。本章指出,算法社会数据安全治理存在控制失灵现象,嵌入元监管的合作监管模式能够回应控制失灵问题并为增进监管效能提供有益策略。本章并没有设立解决数据安全治理中全部问题的宏大目标,而是立足于个人信息保护这一数据安全治理中最为棘手的公共议题之一进行深入阐释和分析,以期为数据安全治理中的其他议题提供思路和启发。

第一节　算法社会地方政府数据安全治理挑战

深化人工智能应用与规范数据安全治理应当"双轮"驱动,并行不悖。人工智能应用的诸多场景离不开个人信息的支撑,作为一种兼具私有价值和社会价值的重要数据形态,个人信息安全监管是算法社会数据安全治理的重要内容,也是涉及主体面最广泛、治理难度最大的领域之一,对各级政府治理能力都提出了前所未有的较高要求。个人信息兼具生产要素和身份标识的双重属性,规范人工智能应用中的个人信息处理活动,提升政府数据安全治理水平并进而提升地方政府智能化治理水平具有重要意义。

一、职能转变下的角色冲突

以个人信息为例,可以较好地洞见算法社会地方政府在数据安全保护中的角色冲突。在个人信息保护方面，政府首先面临着多重角色的冲突性。政府长期扮演的是个人信息采集者的角色。出于经济社会管理需要，政府相关部门依法在职责范围内，通过行政登记、个人填写、社会调查、行政统计等方式收集个人信息，这些信息通常以书面形式记录和流转，或在办公自动化系统中以无纸化的形式存储、传递和使用，而且仅限于政府内部使用。因此，这个阶段政府主要采用物理隔离、网络安全保障技术和规范内部人员行为等传统方式来保障信息安全。然而，随着经济社会领域深度信息化发展及其对政府信息化水平的超越，以及大数据、人工智能等新一代信息技术的广泛普及应用，个人信息处理的主体迅速扩散到政府、企业和社会组织等各类组织和个人。此时，政府既要约束公共部门的个人信息处理行为，又要规范和约束市场主体和社会主体的个人信息处理活动，以保障自然人的个人信息权益不受侵害。这意味着政府需要从个人信息采集者的单一角色向兼顾个人信息采集者和个人信息保护者的双重角色转型。

然而，相比于个人信息采集者的角色，政府对算法社会个人信息保护者的角色是相对陌生的，既缺乏先期经验积累，又缺乏技术上的相对优势。在移动互联网、大数据和人工智能技术深度嵌入经济、社会和生活方方面面的背景下，个人信息采集渠道从线下为主转移到线上为主，采集方式从基于人际沟通的有感采集向应用程序自发、自动、全天候、无感式采集转变。个人信息处理主体的虚拟性、处理行为的隐匿性与相关主体处理的个人信息量的实时动态井喷式增长，使得政府传统依靠运动式治理和人海战术为主的线下监管和打击模式，无法满足个人信息保护需求时空泛在性的要求。从线上监管和取证情况看，网络虚拟空间的"无知之幕"加剧了政府与个人信息处理主体之间的信息不对称，信息处理目的的多样性、信息处理过程的复杂性和信息最小适用边界的难辨别性，加剧了个人信息安全风险及其潜在危害的高度不确定性与个人信息处理源头失范行为的难以追溯性，客观上增加了线上监管的难度和打击违法行为的成本。

从深层次上看,这种角色冲突反映了发展与安全关系的失衡。从发展的角度来看,新技术在个人信息处理中的探索性使用必然会增加个人信息保护的不确定性。然而,过多的束缚和过于严格的惩罚会扼杀技术创新的原动力,也会将技术公司驱赶到监管较松的地区,让本地区错失拥抱新技术企业的机遇。所以,区域间监管力度越不平衡,地方政府越有可能在个人信息保护上相机抉择,采取既不过分纵容违法行为,又妥善兼顾互联网经济发展的居间策略,这能够帮助决策者更好地规避政治风险。然而,个人信息保护本质上属于社会性监管范畴,从全球来看,各国加强社会性监管的趋势不谋而合,预示着个人信息保护也终将走向强监管的治理格局。未来,政府不仅要扮演好个人信息采集者和保护者的双重角色,而且在个人信息保护方面的职能还会进一步强化。

二、　虚拟网络下的模糊监管

在大数据背景下,个人信息安全风险具有两个有别于传统社会性监管领域的突出特征:

第一,链条分叉多、源头追溯难。根据 2021 年 8 月 30 日通过的《个人信息保护法》,个人信息处理活动主要包括八个环节。但是特定个人信息传输路径并不是单一链条或单中心放射状的,相反,在个人信息处理各个环节的个人信息泄露都可能使之成为新的风险链条的起点,由此形成了网状交织、节点密布的个人信息安全风险传递网络。对比来看,传统"四品一械"监管主要分为生产、流通和使用三大环节,除少数情形外,绝大多数监管对象仅涉及其中一个或两个环节,对单一对象的监管边界比较明晰。但个人信息处理主体往往既是数据收集者,也是存储、使用、加工者,又是传输、提供、公开者,还是数据删除的责任主体,政府需要对单一对象实施全过程监管。

第二,个人信息安全风险属于虚拟空间失范行为对真实世界中的个体造成客观侵害情形。相比之下,传统社会性监管领域的活动通常只是建立了虚拟空间与真实空间之间的映射关系,即在线上开展类似于线下的活动。换言之,在传统社会性监管领域，"互联网＋"尽管提升了市场交易等活动的效率和规模，但并没有改变线下活动的目的和本质。在"映射"关系下，以网售食品为例，源头的食品生产者是真实存在的，末端消费者拿到的食品也是真实的，只不过中间流通环节以网络为媒介开展交易活动，这只是局部增加了监管难度，主要是对监管者跨地区协同行动提出较高的要求。但是，虚拟空间中的个人信息处理过程的整个链条都具有数字化、自动化、虚拟化和不可见性的特点，数字化原料、数字化半成品在真实世界中都找不到对应物，但通过全样本关联分析呈现出的数字化成品——如个人数字"画像"等往往就能让人轻易关联到特定自然人的敏感人格信息，从而侵害当事人正常参与经济社会活动的合法权益。这是个人信息安全监管与传统社会性监管之间存在的根本差异，理解这种差异对于深化大数据背景下个人信息安全保护具有重要意义。现阶段，对于监管者而言，源头监管与过程取证变得相当困难，通常在这些环节只能采取弱监管措施，难以达到预防性监管的效果，而强有力的监管措施往往只能作用于危害事实产生之后。

三、 理论研究滞后实践之困

理论界对个人信息保护的研究大量集中在法学领域，主要表现为对个人信息"公权"和"私权"的属性界定及其延伸探讨。法学界的研究往往止步于一部好的法律的设计、出台和立法后评估。然而，法律的形成并不意味着监管的终结，真实世界中有大量监管议题有待深入研究；以控制为主的监管范式已无法有效应对数据经济中的个人信息监管困境，亟须从控制走向合作；在新的监管范式下，规则和契约本身变得更加灵活而有韧性，深刻审视监管体系的实际有效性比单纯沉浸于制度文本的精良设计更为现实和迫切。那么，我国数字经济中个人信息合作监管处于什么样的发展阶段，如何理解并消解监管困境，已有研究大多为静态的规范分析，侧重阐述法律法规的制度理性和价值理性以及隐私政策的实用性等，缺乏对个人信息全链条监管的动态过程审视，难以有力回应被监管者为何对监管政策反应迟缓等问题。本书将元监管吸纳进合作监管框架，动态审视个人信息合作监管过程，深入阐释合作监管改变个人信息处理主体行为的深层机理。研究所构建的理论分析框架，对于提升地方政府数据安全治理能力具有普遍的借鉴价值。

第二节　地方政府数据安全治理的新监管框架

一、　算法社会数据安全治理的"控制"失灵

算法社会具有独特的数据安全治理需求，然而传统监管范式对以个人信息为代表的数据的监管主要依循控制逻辑，难以适应算法社会数据安全治理需要。监管与规制在英文中都对应"regulation"，日本学者植草益将监管定义为"依据规则对个人和经济主体进行限制的行为"，[1]美国学者巴拉卡认为，监管是"政府通过法律规范对个人和企业的行为进行干预和塑造"，[2]斯科特认为，监管是"公共机构对社会群体重视的活动进行持续而集中的控制"，[3]我国学者马英娟认为，监管"以解决市场失灵为目的，基于规则对市场主体的经济活动及其产生的社会问题进行干预和控制"。[4]上述定义尽管有的侧重于监管的主体和客体，有的侧重于监管的内容和目的，但无一例外地都突出了监管者对被监管者的控制。换言之，监管者与被监管者的地位是不对等的。监管者试图"凌驾"于被监管者之上，并通过法律法规和制度规范来彰显"凌驾"的合法性。无独有偶，个人信息的政府监管起源也围绕"控制"展开，具体包括个人控

---

[1]　[日]植草益.微观规制经济学[M].朱绍文,胡欣欣,等译校.北京:中国发展出版社,1992:1.

[2]　Orbach, Barak. What is Regulation? [J]. Yale Journal On Regulation Online, 2012, 30(1):1—10.

[3]　Selznick, Philip. Focusing Organizational Research on Regulation[J]. //Noll, Roger G. Regulatory Policy and the Social Sciences, Berkeley: University of California Press, 1985:363.

[4]　马英娟.政府监管机构研究[M].北京:北京大学出版社,2007:22.

制论和社会控制论。

个人控制论形成于个人信息定向收集的时期，主张个人信息的个体私有性。欧盟和美国是主张个人信息个人控制论的典型代表，但两者对个人信息保护中政府监管的定位反差较大。欧洲国家强调个人主义，主张个体是个人信息的掌控主体，个人信息处理应体现个体意志；保护个人信息实质上是保护人格尊严，个人信息处理如果不对信息产生主体的意见加以考虑，是对人的不尊重。[1]由于欧盟国家普遍认为隐私权与公民基本权利（人权）不可分割且公法应全面保护公民基本权利，因而主张政府负有优先承担公民隐私权保护的职责。[2][3]美国将崇尚自由主义的理念延续到个人信息控制论中，主张个人对自身产生的个人信息及其管理、使用等活动享受自主性，包括创设身份、决定诊疗方案以及将个人信息财产化等。[4]然而，同样是出于个体对个人信息自主性的考量，美国并没有像欧盟那样突出政府在个人信息保护中的作用。反之，美国强调企业自我监管优先，其次是技术性监管和消费者教育，政府监管被置于相对靠后的位置。[5]综上所述，尽管欧盟和美国都主张个人控制论，但政府监管路径截然不同，反映了个人信息监管受到地域、传统等诸多"非监管性"因素的影响。

基于个人控制论的局限性，学术界提出了社会控制论，后者突出个人信息作为社会共同资源的属性。社会控制论对个人控制论的反驳主要表现在三个方面：第一，反驳个人控制论不适用于应对新技术带来的颠覆性影响。在移动

---

[1] 高富平. 个人信息保护：从个人控制到社会控制[J]. 法学研究，2018(3)：84—101.

[2] Schwartz, Paul M. Preemption and Privacy[J]. The Yale Law Journal, 2009, 118(5)：902—947.

[3] Reidenberg, Joel R. Resolving Conflicting International Data Privacy Rules in Cyberspace[J]. Standford Law Review, 2000, 52(5)：1315—1371.

[4] Janger, Edward J. and Schwartz, Paul M. The Gramm-Leach-Bliley Act, Information Privacy, and the Limits of Default Rules[J]. Minnesota Law Review, 2002, 86：1219—1247.

[5] Federal Trade Commission U.S. Privacy Online：A Report to Congress[R]. June 1998：1—71.

互联网、大数据、人工智能加快普及的背景下，海量个人信息不是通过定向收集获取的，而是通过被动收集、实时记录和传输共享等方式积累的。受技术迭代不确定性的影响，有时连技术开发者也无法预知可能的用途，所谓的告知同意要么流于形式，要么无法实现。这意味着个人控制论的实践基础快速瓦解。第二，反驳个人控制论将私权置于至高无上的地位，而忽视了个人信息的社会性和公共性。社会控制论主张将数据与人格切割开来，认为数据具有工具性，具有增进公共利益的功能。第三，反驳个人控制论会限制大数据红利。数据的价值来自流通和应用，但个人控制论难以避免个体因过度保护而不愿让渡数据，从而扼杀去标识化数据的流通和应用价值。进一步地，社会控制论主张三个转变：第一，非敏感个人信息的处理从个人意志优先转向法律规定、社会习惯优先；第二，个人信息保护责任主体从信息产生者个人转向社会共同体；第三，个人信息保护重心从收集环节转向使用环节。[1]

当基于控制的监管理论无法有效回应现实监管问题时，则出现了控制失灵。具体而言，无论是个人控制论还是社会控制论，都试图从"应然"层面构建个人信息保护的理论根基，这些努力对完善个人信息保护立法框架和制度建设有所裨益，但在指引监管实践方面仅给出了一些原则性的判断和建议。上述分析表明，即便都遵循个人控制论，欧盟和美国的个人信息监管策略差异鲜明。这意味着个人信息监管具有有别于传统政府监管的特殊性、复杂性和不确定性，单纯探讨个人信息控制的主体构成，不足以回应监管部门在微观权力运行中遭遇的治理困境。在"实然"层面，现有研究揭示了个人信息保护的三方面问题：第一，企业自我监管手段的局限性。隐私政策是推动企业自我监管的主要手段。但隐私政策披露不完整不规范、隐私保护承诺与企业实际行为不一致、企业对高标准推荐性规范态度消极等问题突出。[2]隐私政策的"同意"选项容

---

[1]　高富平.个人信息保护：从个人控制到社会控制[J].法学研究,2018(3):84—101.

[2]　冯洋.从隐私政策披露看网站个人信息保护——以访问量前500的中文网站为样本[J].当代法学,2019(6):64—74.

易异化为"一揽子"授权和"形式化"授权。[1]第二，监管部门行动的滞后性。政府抱有"让子弹先飞一会"的态度，往往在出现大规模个人信息泄露、舆情丑闻或恶性伤害事件后才启动审查和惩处程序。[2]第三，用户处于个人信息保护弱势地位。一是个人信息被处理者以数字化方式存储后，其流向难以完全受到个人信息产生者的控制；[3]二是看似毫无关联的个人信息经二次开发能够还原出个人敏感信息；[4]三是"事后救济"与"谁主张谁举证"并存的制度设计增加了公民的维权难度。[5]不难发现，作为最主要的个人信息处理主体，在"实然"层面，企业被置于突出而醒目的位置；但在"应然"层面，个人与国家被摆在了议题中心，而企业却被放在相对次要的位置。这极大限制了个人信息论和社会信息论的解释力。本书指出，对个人信息监管议题的讨论必须"找回"个人信息处理者，千千万万的企业才是个人信息监管最主要的"客体"；同时，还需要加强对权力执行过程与运行机制的考量，这是实现监管高效化、精准化和合法化的基本前提。基于此，研究建立合作监管分析框架，以期为数字经济中的数据安全监管提供更低成本、更为有效的监管方案。

二、 嵌入元监管的合作监管：一个新框架

研究指出，监管的目的是公共利益，但监管者对被监管者的"控制"并不是增进公共利益的唯一途径，合作监管同样能够塑造公共价值。合作监管强调公

[1] 张珺. 个人信息保护：超越个体权利思维的局限[J]. 大连理工大学学报（社会科学版），2021(1)：90—97.

[2] 冯洋. 从隐私政策披露看网站个人信息保护——以访问量前 500 的中文网站为样本[J]. 当代法学，2019(6)：64—74.

[3] 史为民. 大数据时代个人信息保护的现实困境与路径选择[J]. 情报杂志，2013(12)：155—159.

[4] 梁成意，齐彩文. 大数据时代个人信息保护的执法困境与选择[J]. 天水行政学院学报，2019(1)：54—58.

[5] 刘小霞，陈秋月. 大数据时代的网络搜索与个人信息保护[J]. 现代传播，2014(5)：125—128.

权力部门和私人部门在回应监管问题时的综合作用,主张更少的控制可能带来更高的效率。根据斯蒂芬·布雷耶的观点,当政府赋予其他主体大量普遍的"裁量权"时,它们之间的关系就是"合作"。[1]关于合作监管有三个基本问题需要澄清:一是合作监管是否可能? 从全球来看,私人部门加入政府监管行动的现象并不鲜见,合作监管在诸如标准制定、第三方评估等活动中广泛存在。二是合作监管是否必要? 在服务型政府建设的大背景下,存在大量监管形式的服务,合作监管能够让市场主体和社会主体参与监管决策、监管执行与监管评估全过程,推动了全过程民主的丰富实践。三是合作监管是否有效? 创新监管范式的目的是为了以更小的成本获得更大的效益。毋庸置疑,合作监管蕴含着效率生成机制。当然,在真实世界中,合作监管既有可能让公众受益,也有可能给公众造成损失;究竟是受益还是损失,关键取决于合作的能力和艺术。在此基础上,构建如图 3-1 所示的合作监管分析与实施框架。

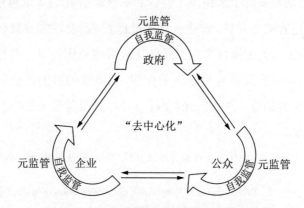

图 3-1　合作监管分析与实施框架俯视图

合作监管分析框架有三个基本特征:第一,"去中心化"的监管体系。合作监管分析框架抛弃了传统监管中"以行政机关为中心"的行政权观念,反驳私人部门只是"险恶的外部人"的偏见,认同"私人主体同样可以提升行政效

---

[1] [美]约翰·D. 多纳休,理查德·J. 泽克豪泽. 合作:激变时代的合作治理[M]. 徐维,译. 北京:中国政法大学出版社,2015:Ⅲ.

用和正当性"[1]的主张。合作监管分析框架指出,公共利益理论关于"私人参与会使公共利益屈服于宗派压力"[2]的论断过于武断,并指出"行政机关秉持理性可以解决复杂问题"[3]的认知过于理想化。合作监管分析框架构建了"去中心化"的多元主体互动体系,强调应当赋予合作监管体系中的企业和公众等政府以外的主体更加现实和平衡的角色。换言之,没有必要去刻意塑造监管者与被监管者的差序身份,当所有行动者都需要承担监管责任时,为不同主体贴上"监管者"或"被监管者"的标签已经没有那么重要。此外,即便合作监管没有达到增进公共利益的目的,也不能说明"合作"本身是错误的,而应当从合作的组织方式与合作能力上寻找原因。

第二,元监管的重要性。元监管强调对自我监管的监管。[4]将元监管嵌入合作监管分析框架,意味着两重含义:一是自我监管的普遍存在性,包括政府的自我监管、企业的自我监管和公众的自我监管等,概莫能外。换言之,在合作监管中,所有行动者实际上都扮演了监管者和被监管者的双重角色。二是对自我监管实施再监管的必要性,如通过设定最低要求、设置绩效目标或其他外在性约束,[5]确保相关主体切实在遵照自我监管的规则行事。合作监管分析框架指出,监管体系应当发挥符号系统的作用,元监管的目的是让行动者对惩罚的恐惧大于犯罪的诱惑,[6]进而激发行动者对惩罚所带来的"痛苦"的无限想

[1] [美]朱迪·弗里曼.合作治理与新行政法[M].毕洪海,陈标冲,译.北京:商务印书馆,2010:319.

[2] Mashaw, Jerry L. Prodelegation: Why Administrators Should Make Political Decisions [J]. Journal of Law, Economics & Organization, 1985, 1(1):81—100.

[3] Merrill, Thomas W. Capture Theory and the Courts: 1967—1983[J]. Chicago-Kent Law Review, 1997, 72(4):1039—1117.

[4] Coglianese, Cary and Mendelson, Evan. Meta-Regulation and Self-Regulation[J]. // Robert Baldwin, Martin Cave and Martin Lodge(eds.). The Oxford Handbook of Regulation, Oxford: Oxford University Press, 2010:146—153.

[5] 宋华琳.代译序:迈向规制与治理的法律前沿. //[英]科林·斯科特.规制、治理与法律:前沿问题研究[M].安永康,译.宋华琳,校.北京:清华大学出版社,2018:13.

[6] [法]米歇尔·福柯.规训与惩罚[M].刘北成,杨远婴,译.北京:生活读书新知三联书店,2016:120.

象,从而让行动者自己来压制和反对自身想要采取的违法违规冲动;进一步地,找到行动者破坏制度违背规则的主要原因,并想方设法弱化行动者对违法违规行为的兴趣及其潜在的利益优势,是提高合作监管效率的重要途径。

第三,监管体系的持续动态调整。相比于传统的静态监管范式,合作监管分析框架更能适应激烈变化的监管环境。这是因为合作监管要求对监管过程进行动态审视和自我纠错,[1]以不断进行自省、检查和修正。[2]参照福柯关于改革惩罚策略[3]的观点,合作监管分析框架主张当监管对象和范围都发生变化后,就需要制定新的策略、寻找新的方法、依据新的原则、构建新的结构并寻求新的技术来形成更适应监管对象、设计更加精巧、措施更加高效的有助于广泛达成监管目标并减少经济、社会和政治代价的体系安排。

合作监管分析框架蕴含了三个基本命题,三者之间逐级递进。命题1:公共部门与私人部门的相互依赖,有助于形成合作监管。公共部门与私人部门之间不是分割的、隔离的,而是存在着普遍的、难以回避的相互依赖,这种相互依赖成为催化合作监管的必要条件。朱迪·弗里曼认为,任何监管例证都可以揭示公共部门与私人部门的深刻依赖,这种依赖普遍存在于规则制定、标准设定、条例实施、服务供给和补助给付等方面。而且公共部门与私人部门的合作不是零和博弈,即不必然以一方的增加而招致另一方的损耗。[4]

命题2:公共部门与私人部门的合作,有助于达成监管目标。首先,私人部门具有更强的将有限资源转化为有益结果的能力,[5]合作监管旨在吸纳这种

[1] Vibert, Frank. The New Regulatory Space: Reframing Democratic Governance[M]. Cheltenham: Edward Elgar, 2014:9—10.

[2] [美]约翰·D.多纳休,理查德·J.泽克豪泽.合作:激变时代的合作治理[M].徐维,译.北京:中国政法大学出版社,2015:V.

[3] [法]米歇尔·福柯.规训与惩罚[M].刘北成、杨远婴,译.北京:生活读书新知三联书店,2016:99.

[4] [美]朱迪·弗里曼.合作治理与新行政法[M].毕洪海、陈标冲,译.北京:商务印书馆,2010:318.

[5] [美]约翰·D.多纳休,理查德·J.泽克豪泽.合作:激变时代的合作治理[M].徐维,译.北京:中国政法大学出版社,2015:III.

能力进入监管框架进而改善监管结果。其次,政府处于监管信息劣势地位,而私人部门比政府掌握更翔实的监管信息和更丰富的专业知识。因此,私人部门针对监管问题制定的改进计划往往比政府颁布的详细规定更加细致有效。[1]其三,不同主体在资源、知识、信息和能力等方面具有不同优势,公共部门与私人部门等其他主体建立合作关系,有助于发挥不同主体的比较优势,将更多的监管要素注入监管活动,弥补政府监管要素不足的缺陷。最后,私人部门在追求私人利益最大化的同时,也有可能增进公共利益。

命题3:共享裁量权是实现有效合作监管的必要条件。承认合作监管中自我监管的作用,体现了行政机关对监管裁量权的让渡。而将元监管吸纳进合作监管分析框架,则表明这种裁量权的让渡不是完整的、彻底的和无限制的,由此形成了监管裁量权在公共部门与私人部门之间的共享。科林·斯科特指出,监管目标能不能达成,首先取决于被监管者而不是监管者,[2]共享裁量权意味着既要求被监管者承担监管责任,又让被监管者保有最大的灵活自主权,从而以较小的监管成本和代价达成高效监管的目标。值得注意的是,共享裁量权必然出现在有效的合作监管中,但这并不意味着只要有共享裁量权,合作监管就必然有效。

三、 传统监管与合作监管分析框架的比较

政府是合作监管中不可或缺的主体。以政府视角分析传统监管与合作监管的差异(见表3-1),可以发现,传统监管主体单一,而合作监管主体多元。在传统监管中,监管者与被监管者对向而行;在合作监管中,负有监管责任的各类行动者同向而行。传统监管裁量权由监管者独享,而合作监管强调裁量权的适度共享。命令与控制是传统监管最常用的手段,而合作监管更加提倡激励与协

---

[1] [美]约翰·D.多纳休,理查德·J.泽克豪泽.合作:激变时代的合作治理[M].徐维,译.北京:中国政法大学出版社,2015:III.

[2] [英]科林·斯科特.规制、治理与法律:前沿问题研究[M].安永康,译.宋华琳,校.北京:清华大学出版社,2018:13—14.

商。传统监管较为依赖事后惩戒,因而监管成本较高;而合作监管优先事前预防,追求更低监管成本下的更高监管收益。

表 3-1　传统监管与合作监管比较

	传统监管	合作监管
监管行动者数量	少	多
监管行动者类型	单一	多元
监管体系的结构	以行政机关为中心	去中心化
监管主体间关系	对向而行	同向而行
监管主体间互动	零和博弈	合作博弈
主体间互动手段	命令与控制	激励与协商
监管裁量权分配	由监管者掌握	由行动者共享
监管的重心分配	注重事后惩戒	优先事前预防
监管的成本收益	高成本低收益	低成本高收益

第三节　算法社会数据安全治理实证——以移动应用程序为例

一、研究对象

移动应用程序是嵌入人工智能应用的重要载体,也是搭载个人信息的重要媒介,移动应用程序个人信息保护水平折射了我国智能治理与数据安全保障水平。移动应用程序个人信息保护也是全球立法者和监管者共同面临的全新议题。

我国移动应用程序发展呈现三大特征:第一,数量庞大、类型繁多。我国移动应用程序在架数量超过 300 万款,[1]常见类型就有 39 类之多,[2]涵盖新

---

[1] 2021 年中国移动应用程序(App)发展规模分析　游戏类应用规模依然领先.[EB/OL].
(2021-9-7)[2022-2-7]. https://baijiahao.baidu.com/s? id = 1710241623190766536
&wfr=spider&for=pc.

[2] 四部门联合发布《常见类型移动互联网应用程序必要个人信息范围规定》[EB/OL].
(2021-3-23)[2022-2-7]. https://www.chinaxiaokang.com/caijingpindao/hongguanjingji/
20210323/1142578.html.

闻阅读、社交通信、音乐视频等领域。第二,大量采集个人信息。2019年App治理工作组发布的数据显示,我国百款常用智能手机应用程序均采集存储和电话信息,99%的App采集相机信息,90%的App采集麦克风信息,此外,还有日历、通话记录、通讯录、位置、短信、传感器等信息被不同程度采集,近半数App申请收集个人信息权限数不少于10个,多的可达数十个。[1]第三,个人信息处理不规范。2019年3月至2020年5月期间,App治理工作组识别出的违法违规收集使用个人信息问题数将近7000个,涉及未经用户同意收集、使用和向他人提供个人信息,未明示收集使用个人信息的目的、方式和范围等重点问题。[2]

在算法社会悄然而至[3]的大背景下,个人信息泄露、窃取、违法交易、伪造、篡改和滥用等现象层出不穷,监管形势依然严峻。根据《2020年中国网络安全报告》,手机病毒数量大规模上升,其中近33%为信息窃取类病毒。[4]个人信息泄露已经造成违法犯罪行为的大规模出现,造成公民不可挽回的财产损失和人身伤害,甚至危及社会秩序、公平交易和国家安全。第一,个人信息风险危害特定自然人。如令人震惊的"徐玉玉案",[5]因考生信息泄露最终造成当事人死亡。又如2020年新冠肺炎疫情流调初期,有涉疫人员的个人敏感信息在移动互联网上传播,导致当事人"社会性死亡"。由个人信息泄露和滥用等带来的财产类损失更是不计其数。第二,个人信息安全风险破坏社会公序良俗。如

[1] 百款常用App申请收集使用个人信息权限情况.[EB/OL].(2021-5-24)[2022-2-7]. http://www.cac.gov.cn/2019-05/24/c_1124538535.htm.

[2] App专项治理工作组:2019年256款问题App被通报.[EB/OL].(2020-5-26)[2022-2-7]. https://www.chinaz.com/2020/0526/1137473.shtml.

[3] 张文显. 构建智能社会的法律秩序[J]. 东方法学,2020(5):8.

[4] 2020年十大手机病毒与漏洞盘点:信息窃取、资费消耗行为成主流.[EB/OL].(2021-1-19)[2022-2-7]. https://xw.qq.com/cmsid/20210119A05P7Q00.

[5] 2016年8月19日,山东临沂高考考生徐玉玉接到声称为其发放助学金的陌生电话,被骗取准备交大学学费的9900元人民币后万分难过昏厥死亡。8月28日,该案犯罪嫌疑人陈文辉等7人落网。2017年7月19日,山东省临沂市中级人民法院以诈骗罪判处被告人陈文辉无期徒刑,其他涉案同伙判处不同期限有期徒刑。

电信诈骗人员惯用情感攻势骗取人际信任以达到行骗目的,无限消耗社会成员之间的信任关系,蚕食诚信文化。不法团伙甚至利用精准电信诈骗谎称当事人遭遇事故正在急救,冒充医院给当事人近亲打电话骗取"救治费",恶意制造恐慌,践踏伦理道德。第三,个人信息风险损害市场公平竞争秩序。如数据公司会利用自身掌握的用户个人信息和外部采购的数据信息,利用算法技术进行个性化界面推送,并以用户难以察觉的方式抬高商品价格攫取超额利润,制造价格差别待遇,破坏公平交易秩序。第四,个人信息风险危害国家安全。如"滴滴案"披露了数据公司在申请海外上市时,被要求提供包括用户个人信息在内的详细数据,造成我国公民个人信息流向境外。

近年来,人工智能应用在移动应用程序中的功能越来越普及,如人脸识别技术在犯罪侦查、轨迹跟踪、身份验证等场景中被广泛使用;生成合成类、个性化推送类、排序精选类、检索过滤类、调度决策类等算法技术[1]在公共部门和私人部门运营的移动应用程序中均已得到普遍应用。我国移动应用程序个人信息监管呈现监管力度与案件规模同步上升趋势,这一方面是因为打击查处力度加强带来立案数量的增加,另一方面也表明个人信息处理不规范及其诱发的违法犯罪活动尚未表现出明显的收敛趋势。综上,选取移动应用程序个人信息监管作为数字经济监管研究的样本案例,具有典型性和代表性。

二、 合作监管的形成与演进

对 2011 年至 2021 年我国移动应用程序监管过程与主体间互动进行分析(见图 3-2),可以发现,政府、企业与公众等行动者要素齐全,逐渐呈现出"去中心化"的结构形态;元监管伴随自我监管的成熟而日渐形成;不同主体之间的监

---

[1] 国家互联网信息办公室、工业和信息化部、公安部、国家市场监督管理总局于 2021 年 12 月 31 日联合发布《互联网信息服务算法推荐管理规定》(2022 年 3 月 1 日施行),规范算法推荐技术提供互联网信息服务(生成合成类、个性化推送类、排序精选类、检索过滤类、调度决策类等算法技术向用户提供信息),治理"大数据杀熟"。

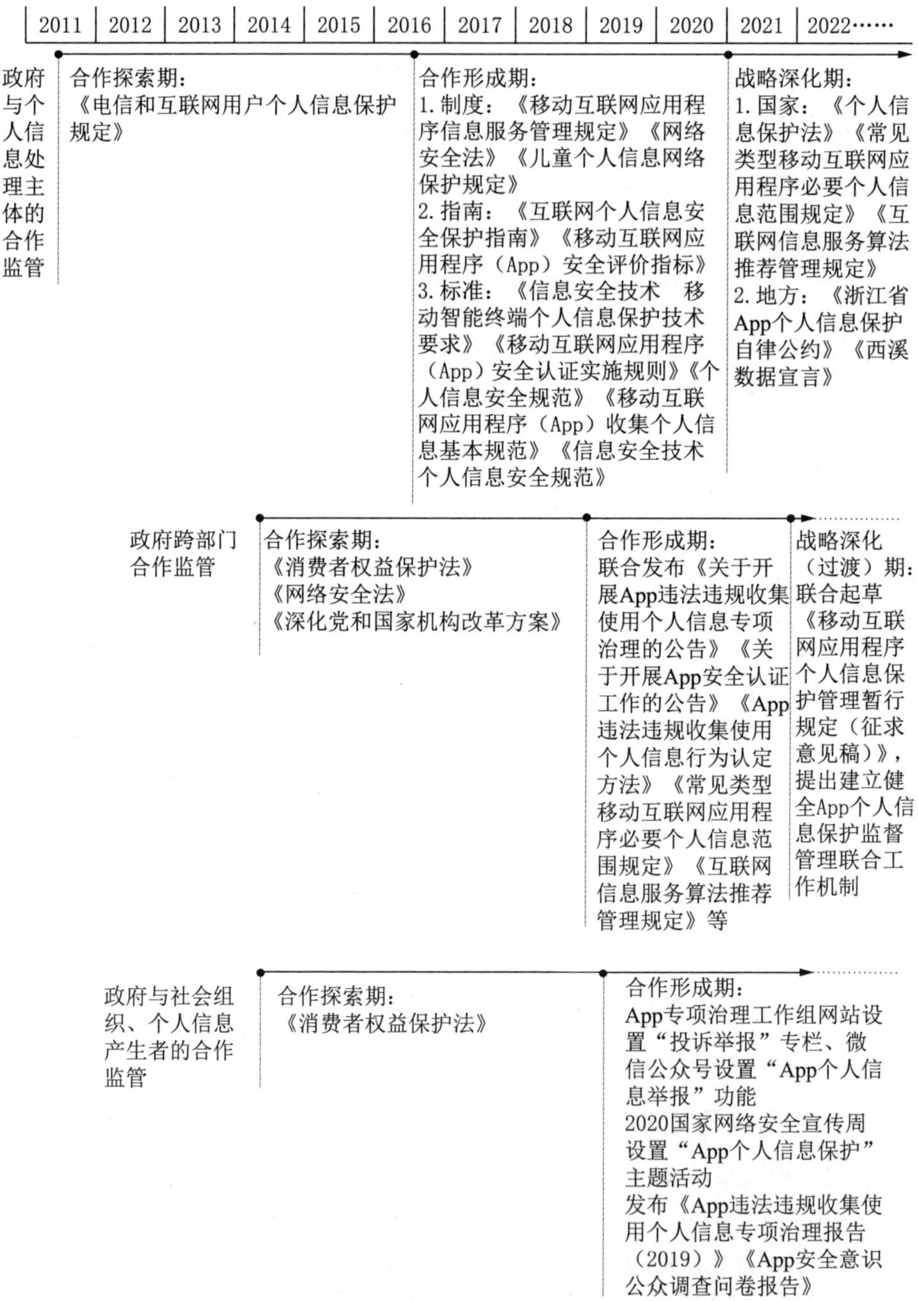

2011	2012	2013	2014	2015	2016	2017	2018	2019	2020	2021	2022……

政府与个人信息处理主体的合作监管

合作探索期：
《电信和互联网用户个人信息保护规定》

合作形成期：
1.制度：《移动互联网应用程序信息服务管理规定》《网络安全法》《儿童个人信息网络保护规定》
2.指南：《互联网个人信息安全保护指南》《移动互联网应用程序（App）安全评价指标》
3.标准：《信息安全技术 移动智能终端个人信息保护技术要求》《移动互联网应用程序（App）安全认证实施规则》《个人信息安全规范》《移动互联网应用程序（App）收集个人信息基本规范》《信息安全技术 个人信息安全规范》

战略深化期：
1.国家：《个人信息保护法》《常见类型移动互联网应用程序必要个人信息范围规定》《互联网信息服务算法推荐管理规定》
2.地方：《浙江省App个人信息保护自律公约》《西溪数据宣言》

政府跨部门合作监管

合作探索期：
《消费者权益保护法》《网络安全法》《深化党和国家机构改革方案》

合作形成期：
联合发布《关于开展App违法违规收集使用个人信息专项治理的公告》《关于开展App安全认证工作的公告》《App违法违规收集使用个人信息行为认定方法》《常见类型移动互联网应用程序必要个人信息范围规定》《互联网信息服务算法推荐管理规定》等

战略深化（过渡）期：
联合起草《移动互联网应用程序个人信息保护管理暂行规定（征求意见稿）》，提出建立健全App个人信息保护监督管理联合工作机制

政府与社会组织、个人信息产生者的合作监管

合作探索期：
《消费者权益保护法》

合作形成期：
App专项治理工作组网站设置"投诉举报"专栏、微信公众号设置"App个人信息举报"功能
2020国家网络安全宣传周设置"App个人信息保护"主题活动
发布《App违法违规收集使用个人信息专项治理报告（2019）》《App安全意识公众调查问卷报告》

图 3-2　我国移动应用程序个人信息合作监管过程演进（2011—2021）

管交互随着时间的推移表现出很强的动态调适性。总体上，我国移动应用程序个人信息保护呈现合作监管态势。考虑政府在合作监管中的不可或缺性，透过政府视角审视政府与不同主体间的合作监管过程，发现主体间合作监管进度差异较大。

第一，政府与移动应用程序个人信息处理主体之间的合作监管进程最快，经历了合作探索期与合作形成期，正在步入战略深化期。从 2011 年 5 月负责网络传播和网络信息内容监管的国家互联网信息办公室成立，到 2016 年 7 月国家要求手机用户实名登记之前，为合作探索期。技术上，智能手机、4G 网络大规模普及推动形成了移动应用程序上架数量的快速攀升，但国家互联网监管才刚刚起步，没有专门针对移动应用程序运营商的监管规范。仅工信部于 2013 年 9 月实施了针对电信业务经营者和互联网信息服务提供者的个人信息保护规范，这也成为加强政府与企业在个人信息保护方面的合作监管的雏形。总体上，在合作探索期，政府为移动应用程序运营商及其关联的数据公司提供了较为宽松的营商环境。

从 2016 年 8 月《移动互联网应用程序信息服务管理规定》的实施到 2020 年"十三五"末为合作形成期。移动应用程序已基本完成数量扩张，移动应用的泛在性、便捷性和虚拟性也使得网络空间容易成为"法外之地"。因此，监管部门要求企业克服身份验证成本，对所有移动应用程序用户进行实名登记。由于大数据技术已经实现大规模商用，大量个人信息的收集和汇聚让数据公司"捕获"了巨大的商业价值。但这一时期，政府对移动应用程序违规收集使用个人信息滥象的技术检测能力十分欠缺，主要通过出台法律法规、发布国家标准、开展安全认证、提供自评估指南等方式寻求企业的自我规范与自查自纠。同时，政府于 2019 年开始启动 App 专项治理，以弥补企业自查的不足。

从 2021 年"十四五"开局以来，为战略深化期。从国家发展战略上看，我国数字经济发展进入了促进发展与监管规范并行的战略磨合期。从监管规范策略上看，中央和地方都在努力提升企业自查与政府监督的耦合度。国家层面，新颁布的《个人信息保护法》区分了个人信息处理、敏感个人信息处理、个人信息跨境提供等细分情形。针对 App 个人信息保护的制度规定进一步划定了常见 App 必要个人信息范围、启动算法推荐管理以规避"大数据杀熟"，酝酿个人信息保护"双清单"制度以落实第三方软件开发者责任等精准监管举措，将监管对象从移动应用程序运营商延伸到 SDK 开发者和应用平台等关联主体，将监管内容从数据拓展到算法，合作监管颗粒度不断缩小。全国 App 检测平台[1]大幅提高了检测效率。地方层面，浙江率先开展 App 信息公约并与头部企业签署自律公约和数据宣言。总体上看，政府与企业的合作监管向纵深推进。

第二，政府跨部门合作监管正处于从合作形成期向战略深化期过渡阶段。政府跨部门合作探索期主要指 2014 年至 2018 年期间，在个人信息保护方面的标志性事件是《消费者保护法》修正和《网络安全法》颁布，总基调是常态下各部门在职责范围内履行监管责任，当发生网络安全突发事件时，各部门统筹协调，统一发布预警信息。此外，2018 年党和国家推动了系统性、整体性、重构性的机构改革，为集中政治和行政资源，强化网络空间决策和统筹协调提供了强有力的组织保障。[2]

2019 年至 2021 年为政府跨部门合作形成期。主要有两大类标志性事件：

---

[1] 新华全媒＋|如何看待工业走势、App 治理怎样推进、汽车芯片短缺怎样缓解? ——工信部有关负责人回应工业通信业热点问题. [EB/OL]. (2022-1-20) [2022-2-7]. http://www.news.cn/fortune/2022-01/20/c_1128283998.htm.

[2] 在 2018 年机构改革中，与互联网信息内容监管和个人信息收集使用相关的机构改革举措有：第一，2014 年成立的中央网络安全和信息化领导小组改为中央网络安全和信息化委员会，其办事机构为中央网络安全和信息化委员会办公室；原中央网络安全和信息化领导小组办公室（国家互联网信息办公室）更名为中共中央网络安全和信息化委员会办公室（国家互联网信息办公室）。第二，国家计算机网络与信息安全管理中心由工业和信息化部管理调整为由中央网络安全和信息化委员会办公室管理。第三，整合原国家工商行政管理总局、国家质量监督检验检疫总局、国家食品药品监督管理总局、国家发展和改革委员会的价格监督检查与反垄断执法、商务部的经营者集中反垄断执法以及国务院反垄断委员会办公室等职责，组建国家市场监督管理总局，作为国务院直属机构。详见：中共中央印发《深化党和国家机构改革方案》[N]. 人民日报，2018-3-22.

一是联合开展专项整治。2019年,中央网信办、工业和信息化部、公安部、市场监管总局联合启动App违法违规收集使用个人信息专项治理,并委托全国信息安全标准化技术委员会、中国消费者协会等成立App专项治理工作组。2020年7月下旬,四部委再次启动专项治理并通过工作组委托专业性检测机构对涉及疫情防控、复工复产、儿童信息和人脸识别的App进行深度评估。[1]二是联合发布管理规定。国家市场监管总局、中央网信办就App安全认证联合发文;国家互联网信息办公室、工业和信息化部、公安部、国家市场监督管理总局就违法行为认定、必要个人信息范围、算法推荐管理等联合发文,统一了工作尺度。地方层面比照中央联合开展专项治理。如北京市委网信办、市公安局、市市场监督管理局、市通信管理局对行政区域内的App和应用商店[2]开展专项治理。浙江成立工作专班,联合四部门对用户量大、生活关联性高、网民举报集中的App协同开展专项整治。

总体上看,政府跨部门合作监管还没有完全进入战略深化期。一是网信、工信、公安和市场监管四部委联合工作机制还不健全,相关制度规定还在征求意见阶段;二是缺乏中央和地方政府纵向合作,缺乏地方政府内部省、市、县纵向合作以及各级地方政府横向协同的配套制度和机制设计,这与移动互联网应用的强渗透性和广覆盖性不相适应;三是尚未形成能够快速回应新技术不确定性的具有敏捷治理特征的合作监管模式。

第三,政府与社会组织、个人信息产生者之间的合作监管进程最慢,刚刚完成从合作探索期到合作形成期的过渡。自2014年3月到2019年3月为合作探索期,在政府与社会组织合作上,《消费者权益保护法》规范了消费者协会的公益性职责;在政府与公众合作上,以监管部门对外发布社会公告的单向风险沟

---

[1] 李慧琪,尤一炜.近七千应用、两万举报、三十万问卷……App治理成效几何?[EB/OL].(2020-9-20)[2022-2-7].https://www.sohu.com/a/419654001_161795.

[2] 即北京市行政区域内设立或注册的法人、其他组织以及个人建设、运营、管理的移动互联网应用程序(App)和应用商店。

通为主。2019年3月以来为合作形成期,监管部门开辟了双向风险沟通渠道,沟通载体更加多元,形式更加丰富,渠道更加通畅。具体包括通过官网、媒体和微信公众号发布监管信息和科普文章,在App工作组网站设置网民实名或匿名举报通道,开展App安全意识问卷调查,在国家网络安全宣传周上设置"个人信息保护主题论坛"等。但政府与社会组织、个人信息产生者之间的合作监管还远未进入战略深化期。一是行业组织的作用还没有得到有效发挥,社会组织自发形成技术性监管的做法十分罕见;二是监管部门与公众之间仍是开放性互动,并没有形成覆盖全部举报事项的"网民举报—监督检查—结果反馈"式闭环管理机制;三是地方政府与公众的互动还比较少见。

表3-2 合作监管特征识别与命题验证

	特征与命题描述	是否观察到	具体说明或典型示例
特征识别	去中心化	是	政府、企业和社会互动广泛存在,逐渐深入
	元监管	是	政府运用技术手段对企业合规情况进行检测
	动态调整	是	政府与不同主体间合作均至少经历了两个时期,且不同时期合作监管策略不尽相同
命题验证	命题1:公共部门与私人部门的相互依赖,有助于形成合作监管	是	(1)政府—企业:政府依赖企业的监管信息和专业技术优势,企业依赖政府认可来提升声誉 (2)政府—公众:公众依赖政府的强制力,政府依赖公众举报来提高监管精准性 (3)公众—企业:公众依赖企业服务,企业依赖公众消费
	命题2:公共部门与私人部门的合作,有助于达成监管目标	是	(1)政府—社会:政府吸纳消费者协会等组织成立专项治理工作组 (2)政府—企业:政府利用企业搭建的社交应用程序开展科普宣传
	命题3:共享裁量权是实现有效的合作监管的必要条件	是	(1)网信、工信、公安、市场监管等部门共享裁量权,取得了阶段性合作监管效果 (2)政府以隐私政策为主要约束手段,体现了政府与企业共享裁量权,监管效果受企业配合和自律状况影响

综上所述,移动应用程序个人信息监管过程验证了合作监管分析框架的解释力(见表 3-2)。同时,合作监管推动了监管效能的提升,具体包括曝光下架违规应用,显著提升自动检测能力,隐私政策更加规范合理等。合作监管分析框架还能够进一步揭示当前合作监管困境及其化解思路。

三、 合作监管的困境与成因

个人信息处理包括个人信息收集、存储、使用、加工、传输、提供、公开、删除等活动。[1]移动应用程序个人信息全链条监管存在风险链条长、链条分叉多、潜在危害大、舆论燃点低、源头追溯难等特点。有必要基于现阶段合作监管剖面,进一步分析阐释全链条监管的困境与成因。

第一,事前监管效能释放缓慢。合作监管强调监管重心的前移,即从事后惩戒转向事前预防。[2]移动应用程序事前监管指个人信息收集前监管,现行手段主要是约定明示内容和设置准入门槛。在约定明示内容方面,政府持续规范隐私政策需要明示的内容,并详细列举了 39 类常用 App 基本功能的必要个人信息范围。但作为新增的外部约束,运营商遵照动力不足,无法规避企业道德风险。运用合作监管分析框架可以发现,政府作为"外部人"不具备信息和专业优势,制定规则时会让普适性优先于针对性,效果没有运营商自查风险漏洞并设计详细规则更加高效。因此,应当进一步理顺合作监管链条,让企业作为包括隐私政策和最小必要信息采集范围等在内的具象化的合规要素的设计者和实施者,政府发挥监管企业合规情况的"元监管"作用。在设置准入门槛方面,现阶段运营医疗健康类移动应用、网络直播平台应用等需要向行业主管部门申请核发行政许可证。合作监管强调裁量权由行动者共享,但"准入"强化了裁量权的政府控制。然而,行业监管目标不同于个人信息监管目标,在"简政放

---

[1]　参见 2021 年 8 月 20 日全国人大常务委员会颁布的《个人信息保护法》。
[2]　徐国冲,霍龙霞. 食品安全合作监管的生成逻辑——基于 2000—2017 年政策文本的实证分析. 公共管理学报,2020,17(1):46.

权"改革下,行政许可不会无限扩张,这些因素共同导致了政府试图保留的控制权实际上并没有显著提升事前监管效能。

第二,事中监管"硬"约束难落地。个人信息处理的事中监管涵盖存储、使用、加工、传输、提供、公开等环节。当数字经济发展与个人信息保护之间存在张力时,地方政府既没有选择保守策略(不发展的安全),也没有选择激进策略(不安全的发展),而是从政治理性的角度选择了更加稳妥的居间策略。由于"硬"约束不落地,问题难整改易反复、有效监管覆盖不足等次生问题也随之出现。尽管合作监管倾向于以激励和协商等更为温和的监管措施来替代生硬的命令与控制,但并不意味着将"硬"约束束之高阁,而是主张将吊销许可、责令停业、没收违法所得、处以行政罚款等强硬手段置于媒体曝光、约谈检查、行政警告和限期整改等柔性手段之后,因为后者的实施成本更小。概言之,要让"软"约束行之有效,必须要以"硬"约束为坚实后盾。[1]基于合作监管分析框架,一方面,政府应当"扛着大炮"与企业谈判,并建立一套符合福柯所强调的"充分想象原则"和"绝对确定原则"的合作体系,让潜在的制度破坏者在想要破坏规则的时候,就能够自然而然地联想到惩罚所带来的痛苦;[2]政府应尽可能地让这种联想变得牢不可破,从而以较小的代价提升合作监管的力度。另一方面,也应当通过监管绩效评估等方式对地方政府履行监管责任的情况进行"元监管",以更好提升监管效力。

第三,事后监管责任缺失。事后监管指对个人信息删除环节的监管。《民法典》和《个人信息保护法》均已载明公民行使删除权的条件和信息收集者的删除义务。但鲜有用户直接向移动应用程序运营商及其关联信息处理主体提出删除信息的主张。如果用户以诉讼形式提出信息删除请求,则需要举证运营商

[1] 刘鹏,王力.回应性监管理论及其本土适用性分析[J].中国人民大学学报,2016(1):91—101.

[2] [法]米歇尔·福柯.规训与惩罚[M].刘北成,杨远婴,译.北京:生活读书新知三联书店,2016:104,106.

或关联信息处理主体违反了隐私政策和双方协议,绝大多数用户无法举证。由于存储成本低廉,运营商和信息处理主体也不会主动删除个人信息。运用合作监管分析框架可以发现其中存在的合作缺陷:一是政府对企业删除信息的激励不足与政府对企业按照约定删除信息的监管不到位并存,前者反映的是监管手段选择的不合理,后者反映的是元监管的缺位。二是政府将事后监管的共享裁量权过于充分地让渡给了企业和公众,导致行政机关的事后监管责任空转。三是政府对公众提出举证责任要求,实际上为政府与公众合作设定了前置条件,政府与公众"同向而行"的态度难以充分体现。同时,公众数量庞大但个体之间是离散的、原子化的,难以"集体行动"。事实上,在公众内部实际承担起监管责任的行动者数量稀少,不符合合作监管行动者数量增多的趋势。对此,政府应重新配置事后监管的共享裁量权,增加面向企业的激励性监管策略,并积极创造与公众"同向而行"的条件。

四、合作监管的激活与优化

合作监管的本质是激活政府、市场与社会之间的监管互动,推动监管信息按需流通,监管成本总体可控,社会效益有所增加的"满意解"目标,从而动态实现合作监管均衡。优化合作监管策略,需重点推动落实企业合规建设主体责任、着力缓解监管信息不对称并推动政府与公众的合作监管迈向战略深化期。

第一,多种监管策略并举,推动数据企业落实合规建设主体责任。个人信息处理主体尤其需要重点关注三类个人信息泄露和滥用风险:一是内部人员不规范操作导致的用户信息泄露;二是通过非自建场景收集数据时感染的系统性风险;三是使用的开源服务存在风险漏洞。政府应大力引导大型 App 运营商、头部 SDK 开发商和应用平台率先开展合规建设,包括培育合规理念、完善合规制度、改进业务流程、善用合规技术、营造合规文化、引入外部监督、推动合规行为与业绩挂钩等,鼓励其积累内控经验,形成合规蓝本,激发示范效应。政府对优先完成合规建设的个人信息处理主体实施"正向激励型监管"策略,如建立

"白名单",为其提供市场准入优先权;为通过 App 安全认证且在获证后监督中持续表现良好的移动应用程序运营商提供合规补贴;为主动开展合规性技术研发和技术共享,能够为个人信息保护提供优秀解决方案的数据企业,颁发社会荣誉。对违法违规收集使用个人信息规模巨大、危害严重或拒不整改的,实施"联合惩戒型监管"策略。如引入"双罚"机制,除下架 App 和吊销运营商许可外,对相关责任人也要采取罚款并纳入失信记录。对存在合规意愿但建设能力不足的个人信息处理主体,政府宜实施"能力助推型监管"策略。如向企业开放个人信息保护合规自评估工具,推动企业精准识别合规漏洞;搭建合规建设资源共享平台,促使相关主体精准匹配合规"资源清单"和"需求清单",为有效填补合规漏洞寻找市场化解决方案。

第二,重点解决移动应用程序个人信息监管中的信息不对称问题。传统政府监管领域本就存在非常严重的信息不对称问题,移动应用程序个人信息滥用在前沿技术的"掩护"下更是加剧了处理过程的信息不对称性,如数据企业会采取技术性对抗来逃避政府的技术检测,会成立专门的部门或配备专门的人员来应对合规性审查。个人信息处理中的信息不对称问题无法彻底解决,但能够通过一些方式加以披露:一是建立"吹哨人"制度,保障知情者从内部合理披露信息又不致造成个人境况变差的权利。二是强化行业组织"中间人"义务,倡导行业组织面向不同主体积极共享信息。具体包括,面向行业内企业推动"同行"监督,针对行业特性制定合规标准,组织开展合规教育培训,推动企业间和行业间合规交流;面向政府定期发布本行业移动应用程序个人信息保护合规性评估与风险监测报告;面向公众开展 App 个人信息安全科普宣传与高风险 App 监测提醒,引导用户从规范渠道下载安装 App 等。三是加强技术储备,深化技术应用场景建设。以技术手段回应技术问题是深化移动应用程序个人信息监管的必经之路,这也倒逼监管部门不断提升大数据应用能力和数字素养。如自动检测技术能够大幅提升监管部门主动发现问题的能力,为风险初筛与问题初诊提供辅助性决策依据。政府可以以此为契机,协同高等院校、研究院所专业团队持续开展技术攻坚,推动技术研发与监管实践的协同创新。政府也可以通过组织技术创新大赛等形式,张贴"英雄榜"向全社会征集解决办法。四是由政府或第三方发布信誉评级,并要求移动应用程序在显著位置标识信誉等级,通过信誉机制间接向消费者披露安全信息。

第三,推动政府与公众的合作监管迈向战略深化期。形成"公众监督平台＋闭环受理机制＋统一结果反馈"的政府与公众深度互动模式。将统一的公众监督平台作为收集举报线索、征集公众建议和了解公众安全感知变化的总渠道和总客服,鼓励公众通过移动端、PC端和热线等方式向平台反映问题、建议和评价。平台重点发挥四方面功能:一是整合分散在公安、市场监管、App工作组网站等多部门的举报渠道。二是将公众建议征集工作常态化,并将科学化建议纳入决策参考。三是实现问题汇聚、统一核查和大数据精准分析研判,并将具体问题线索和总体分析报告同步推送给监管部门;监管部门结合举报线索、分析报告和日常监督检测发现的问题进行综合研判,科学制定监管计划、有效配置监管资源,并将监督情况反馈给平台,从而形成监管闭环。四是将公众的获得感和满意度作为评判移动应用程序个人信息监管工作的重要标尺。微观上,针对特定的投诉举报件,由平台作为统一出口将监督进展和结果反馈给举报人,并采集举报人对微观问题解决程度的满意度评价。宏观上,平台通过问卷调查等形式,动态采集公众对个人信息安全状况的感知变化,进而反映监管活动的整体效果。上述各方面共同形成了"公众—平台—监管—平台—公众"的双重闭环,提升了合作监管的回应性与精准性。

第四节　提升地方政府智能化治理合作监管的结论与建议

本章为算法社会提升政府数据安全治理能力提供了有解释力的分析工具和可能的监管策略。研究构建合作监管分析框架,以移动应用程序个人信息监管为例,在验证分析框架理论解释力的基础上,深入阐释了数字经济下个人信息全链条合作监管的困境成因和消解思路。研究结果对于提升人工智能应用背景下地方政府数据安全治理能力具有较强的借鉴意义。

一、 合作监管能力不足成为数据安全治理的主要矛盾

算法社会我国数据安全治理的主要矛盾不是缺乏合作监管意识,而是合作监管能力不足。由于数字经济中广泛存在着深度信息不对称,各类主体都倾向于通过合作来回应监管问题。政府应以此为契机,提升合作"催化"能力。如宣传优秀合规解决方案,激励企业间广泛开展组织学习,并为合规建设后持续表现良好的企业提供合规补贴;加强安全认证信息公示并设立企业合规信誉评级,通过声誉机制向公众披露信息,激励公众理性选择数字经济产品和服务。

二、 元监管缺位是制约数据安全治理效能的关键因素

元监管的相对缺位是抑制我国数据安全监管效能的关键因素。如对地方政府元监管的缺失使得行政机关监管行为"失之于软",对企业隐私政策执行状况元监管的瑕疵使得企业拥有了"所言非所行"的周旋空间;对公众自我保护元监管的缺失使得公众的使用端风险防范相对薄弱。这也表明嵌入元监管对于提升监管效能至关重要。建议引入监管绩效评估加强对政府自身的监管;引入联合惩戒强化企业对惩罚的联想;并通过自媒体等形式深化公众宣传力度。

三、 科学分配共享裁量权,有助于提升合作监管效能

首先,共享裁量权应以"共享"为原则,避免政府过度控制所导致的行政机关"独享"或政府过度让渡所导致的私人部门"独享"。其次,共享裁量权还需要解决与谁共享的问题。建议将"吹哨人"、行业组织和第三方机构纳入共享范围。建立"吹哨人"制度,保障知情者从内部合理披露信息又不致造成个人境况变差的权利。强化行业组织"中间人"义务,倡导行业组织在企业合规交流、安全风险监测、重要信息披露等方面的作用,并鼓励第三方机构中立开展外部监督。

四、 合作监管具有动态演进性，应渐次推进多种策略

合作监管具有动态演进性，不同主体间的合作进程存在差异，应善用激励和协商手段并渐次推进合作监管策略。对优先完成合规建设的企业实施"正向激励型监管"策略，如建立"白名单"，为其提供市场准入优先权等；对违法违规危害严重或拒不整改的，落实机构和负责人"双罚"制度并实施"联合惩戒型监管"策略；对合规意愿强烈但阶段性能力不足的企业，实施"能力助推型监管"策略；对没有合规可能性的企业，实施"末位淘汰型监管"策略。

第四章

他山之石

　　纵观全球,世界主要国家和地区将人工智能纳入国家战略,包括美国、日本、中国、英国、韩国、印度、德国、法国、加拿大、俄罗斯、新加坡、芬兰、阿拉伯联合酋长国等。美国将人工智能视为具有巨大经济社会效益的转型技术,作为世界上最主要的人工智能集聚地之一,美国的人工智能高层次学者数量、高质量论文数量、核心技术工具开发等诸多领域居于全球绝对优势地位,[1]主张人工智能将在国家安全、经济繁荣、教育机会和生活质量提升等方面发挥重要作用。日本对于未来30年的前沿科技有诸多畅想,描绘了未来可能的应用场景,并试图运用人工智能等先进技术解决日本国内老龄化、劳动力短缺、医疗健康和灾害应对等制约社会可持续发展的瓶颈问题。作为全球领先的人工智能国家之一,新加坡注重平衡人工智能创新与风险之间的关系,较早发布人工智能监管模式框架[2]以回应人工智能技术与应用中潜在的隐私保护、道德治理和决策风险等困境。本章将以这三个国家为代表,选取其最有特色或最可能引发思考的案例剖面,梳理其可能对促进中国地方政府智能化治理有益的可借鉴经验。

---

[1] 中美人工智能竞争现状对比分析及启示.[EB/OL].(2022-2-18)[2022-5-5]. https://baijiahao.baidu.com/s?id=1725029413305148635&wfr=spider&for=pc.

[2] 谷兆阳.新加坡人工智能监管模式框架[J].南洋资料译丛,2019(4):57—74.

第一节　美国：人工智能技术优势与地方治理阻滞并存

一、 人工智能战略框架与治理实践

近年来,美国立法机构和行政机构致力于搭建人工智能总体监管框架,通过一系列战略和政策来完善人工智能治理的法律法规和道德规范体系,目的是既要防范和规避人工智能技术带来的各种风险挑战及其有害影响,又要尽可能激发人工智能技术带来的创新和竞争并扩大其有利作用和积极贡献。2016年,美国发布国家级人工智能战略。2019年2月,美国总统特朗普签署行政命令,明确提出美国的人工智能战略是捍卫本国在人工智能理论研究、开发应用和安全技术等各方面的全球领先地位。

第一,立法机构建立对争议性技术和争议性场景的监管框架。针对争议性人工智能技术与争议性人工智能应用场景,美国联邦政府、州和地方政府酝酿了诸多立法提案,试图通过限制公共部门和私人部门的技术使用范围(如颁布技术禁令)来降低技术研发、使用带来的国家安全风险与危害(表4-1)。

第二,组建专门机构推进跨边界伙伴关系并实施技术改造。2018年5月,美国联邦政府组建了美国科学技术委员会人工智能专责委员会,主要职能包括推动学术界、产业界和跨地域伙伴关系,改进美国联邦数据集等;美国能源部、美国国家卫生研究院和美国国家癌症研究所共同发起"蜡烛计划",希望通过机器学习和超级计算机来治疗癌症;空中客车公司参与了国际空间站人工智能系统开发等;在军用AI方面,2018年6月,美国国防部成立了联合人工智能中心(JAIC),计划在5年内投入17亿美元用于实施人工智能战略。[1]联合人工智能中心(JAIC)寻求与亚马逊、微软、谷歌等大型公司建立深厚的合作伙伴关系,并与美国国防信息系统局加强合作。[2]

---

[1] 美国人工智能标准化政策新趋势研究. 质量与标准化,2021(1):37—40.
[2] 美国将实施什么样的人工智能战略? [EB/OL]. (2019-2-26) [2022-2-18]. http://www.qianjia.com/html/2019-02/26_326454.html.

表 4-1 美国人工智能监管框架

时 间	名 称	主 要 内 容
2019 年 2 月	《维持美国在人工智能领域的领导地位》	刺激人工智能的发展和监管,指示联邦机构优先投资于人工智能研发,巩固美国在人工智能领域的全球领导地位
2020 年 6 月	《军队人工智能法案》	联合人工智能中心的负责人是三星级将领并直接向国防部长报告
	《国家安全创新途径法案》	为从事人工智能、机器人技术等特定技术领域的学生或专业人员提供永久居留的途径
	《维护美国创新法案》	明确对接受联邦赠款但不披露同时获得外国(尤其是中国)支持的个人予以处罚
2021 年 5 月	《无尽前沿法案》	将国家科学基金会(NSF)更名为国家科学技术基金会(NTSF),新增技术理事会并在 5 年内获得 1000 亿美元拨款,用于 10 个关键技术领域的投资

资料来源:
①《无尽前沿法案》或将为美国科技创新发展带来历史性变革. [EB/OL]. (2020-6-12) [2022-2-18]. https://xueqiu.com/4162984112/151464303.
② 为确保技术领先中国,美国国会提出三项法案. [EB/OL]. (2020-6-29) [2022-2-18]. https://baijiahao.baidu.com/s?id=1670845274471544344&wfr=spider&for=pc.
③ 2020 年全球人工智能政策热点. [EB/OL]. (2020-12-1) [2022-2-18]. https://www.sohu.com/a/435550437_358040?sec=wd.

第三,政府经费与多元化的资金投入。政府资金和市场资金分工明确、覆盖全面。政府资助主要用于具有基础性、变革性、长期性的高风险项目投入,短期内很难取得可见回报,长期内将有助于捍卫美国在人工智能领域的战略领先地位。联邦政府还负责军用人工智能研发项目经费资助。市场资金占据人工智能研发投入的绝大部分,主要投入于人工智能解决方案短期回报率高的项目,初创企业、小型人工智能企业的投入主要通过市场机制解决。投入领域包括未来科学和工程变革性领域的研发和应用,还包括教育和培养一支适应新型工业发展的高技能劳动力队伍。[1]

---

[1] 吴蔚. 美国政府 2021 财年预算申请增加人工智能和量子科技研发投资[N]. 中国航空报,2020-2-25(A09).

表 4-2 美国国防与非国防人工智能研发预算

时 间	来 源	投 入 情 况
2015 财年	美国国家科学技术委员会机器学习和人工智能小组委员会报告	美国政府对人工智能相关技术的非机密研发投资约为 11 亿美元
2018 年 5 月	美国国家科学基金会	每年至少投入 1 亿美元用于支持人工智能项目研究
2018 年 7 月	美国国防部高级研究计划局	启动的人工智能探索（AIE）计划为高风险、快速周转的第三波浪潮中实施的人工智能项目提供资金
2018 年 11 月	美国国家科学基金会与"人工智能合作伙伴（PAI）"组织合作	宣布共同投资 450 万美元，用于在人工智能的社会和技术层面交叉进行高风险、高回报的研究
2019 财年	美国国家科学基金会	继续资助未来几十年科学和工程重大前沿变革性领域的"十大创意"，累计资助经费为 3 亿美元
2020 财年	美国能源部科学办公室	投入 7100 万美元用于人工智能研究
	美国国防部高级研究计划局	投入 4.09 亿美元用于人工智能探索计划
	美国国防部联合人工智能中心	投入 2.42 亿美元用于开发、应用人工智能
2021 财年	美国国家科学基金会	支出超过 8.3 亿美元（比 2020 年超过 70% 以上）用于 AI 研发和跨学科研究机构
	美国能源部科学办公室	计划投入 1.25 亿美元用于 AI 研究
	美国农业部	计划投入 1 亿美元，加强包括 AI 在内的先进技术在农业系统中的应用
	美国国立卫生研究院	计划投入 5000 万美元，使用 AI 和相关方法进行的慢性疾病新研究
	美国国防部高级研究计划局	计划投入 4.59 亿美元用于人工智能探索计划
	美国国防部联合人工智能中心	计划投入 2.9 亿美元用于研究如何将人工智能大规模应用在军事上，提高美军智能化作战水平，使美军保持和占据军事优势

资料来源：
① 美国将实施什么样的人工智能战略？［EB/OL］.（2019-2-26）［2022-2-18］. http://www.qianjia.com/html/2019-02/26_326454.html.
② 促进创新和基础设施建设——美国 NSF 2019 财年预算概览.［EB/OL］.（2018-11-12）［2022-2-18］. http://www.bpf.cas.cn/zypz/201811/t20181112_4670006.html.
③ 吴蔚. 美国政府 2021 财年预算申请增加人工智能和量子科技研发投资［N］. 中国航空报，2020-2-25（A09）.
④ 徐婧，吴浩，唐川. 人工智能在国防领域的应用与进展［J］. 飞航导弹. 2021，（3）：87—92.

根据 2020 财年预算提案，美国联邦非国防领域人工智能研究和开发的预算支出为 9.735 亿美元，2020 财年实际批准 11.183 亿美元；2021 财年人工智能预算为 15.02 亿美元。[1]此外，美国每年有数以十亿计的资金提供给小型初创人工智能公司，这些资金主要来自亚马逊、微软、谷歌/Alphabet、IBM、英特尔和英伟达等私人企业的投资。[2]

第四，注重 AI 人才队伍教育和培养。美国国防部联合人工智能中心(JAIC)将建立优质的 JAIC 团队作为工作重点之一，中心在成立之初组建了一支近 30 人的部队，并将致力于吸引并培养一批由任务驱动的世界级 AI 人才。[3]美国国家科学基金会还将专门拨款资助社区学院培养人工智能和量子信息科学人力资源。[4]

二、 新技术改变地方政府治理结构

技术对政治制度存在潜在且深远的影响，并改变着地方政府的治理结构。2021 年 2 月，美国内华达州州长史蒂夫·西索拉克宣布"创新区"计划，允许在内华达州拥有大面积土地的大型科技公司组建政府并拥有与郡(县)政府相当的权力，包括征税、建立学区、法院和提供公共服务等。内华达州之所以提交提案赋予大型科技公司如此大的行政权力，主要有两个方面的理由：一是政府资源稀缺性，州长和州政府对内华达州既有地方政府运作模式在吸引资源、引进新兴技术产业和刺激经济发展方面发挥的作用不甚满意，政府资源投入无法刺激前沿技术的研发创新；二是区域文化相容性，"公司城"(company town)的提

---

[1] 2020 年全球人工智能政策热点. [EB/OL]. (2020-12-4) [2022-2-18]. https://www. sohu.com/a/436452422_468720.

[2] 美国将实施什么样的人工智能战略？[EB/OL]. (2019-2-26) [2022-2-18]. http:// www.qianjia.com/html/2019/02/26_326454.html.

[3] 美联合人工智能中心 JAIC 开始运营，将培养一批世界级 AI 人才. [EB/OL]. (2019-1-16) [2022-2-18]. https://www.sohu.com/a/289397312_329822.

[4] 吴蔚. 美国政府 2021 财年预算申请增加人工智能和量子科技研发投资[N]. 中国航空报,2020-2-25(A09).

法在美国并非新鲜事物,早在 1823 年,一些城市中的公司因拥有大量住宅、商业、学校、教堂、道路和公园等设施的所有权,而成为城市的实际主导者,[1]内华达州希望摒弃政府传统治理工具对突破性创新的限制,以自由市场的思路让内华达州跻身"突破性技术"最前沿。当然,试图让公司主宰地方政府政治权力和行政权力的提案过于大胆,甚至存在较大的政治风险,因此,内华达州要求这些潜在的高科技公司只能"接管"未开发且无人居住的土地。

三、 新技术改变地方政府运作方式

马里兰州(Maryland)靠近美国东海岸、临近大西洋,北部是宾夕法尼亚州,南部是西弗吉尼亚州和哥伦比亚州,东部是新泽西州和特拉华州,是美国东北部 11 个州之一,面积 3.2 万平方公里,州内地形丰富,包括 23 个县和 1 个独立市(巴尔的摩市)。2020 年,马里兰州总人口 608 余万(6083116 人),名义 GDP 4227.26 亿美元,人均名义 GDP 约 6.95 万美元(2020 年中国人均 GDP 排名前两位分别为北京约 2.4 万美元和上海约 2.3 万美元)。

马里兰州是美国重要的信息技术维护和应用中心。马里兰州公共服务和社会福利项目由马里兰州公共服务部、公共卫生部、青少年服务部和健康福利交易所等州机构在各自职权范围内依法提供,不同机构各自负责建设、拥有和新建独立的信息化项目和应用程序并掌握有福利发放和服务过程数据,但是这些应用项目和信息系统之间彼此独立,跨项目合作和资源统筹挑战巨大。为更好回应这些问题,马里兰州公共服务部(Department of Human Services,DHS)在全球顶尖云计算服务平台的技术支持下,在全美率先设计并建设了马里兰州总体人类服务综合网络(Maryland's Total Human-services Integrated Network,MD THINK),旨在改善面向寄养儿童、困难家庭和贫困人口等州内数以千计

[1] Dem Governor Plans to Allow Big Businesses to Form Local Governments Taxes and All. [EB/OL]. (2021-2-8) [2022-2-18]. https://thefederalistpapers.org/us/dem-governor-plans-allow-big-businesses-form-local-governments-taxes.

的脆弱群体的服务质量。

马里兰州总体人类服务综合网络(MD THINK)搭建了基于云的安全技术平台，通过系统上云和开发新的应用程序等途径引入并整合了不同州机构的众多人类服务应用程序，该应用还为不同机构在现在和未来快速迁移应用并无缝共享数据提供技术支撑，主要方式包括构建应用程序迁移框架和共享数据存储库等。在"以用户为中心"方面，马里兰州总体人类服务综合网络(MD THINK)基于网络访问，访问者只要通过联网的 PC 机、平板电脑或智能手机等终端，均可以访问并输入社会服务数据。访问者不需要输入收入证明和身份证数据，这些数据可以通过马里兰州总体人类服务综合网络(MD THINK)数据库和工作流程进行预填和验证。[1]

马里兰州总体人类服务综合网络(MD THINK)投入使用后，上述州机构不再必须自行建设和运维软件系统，而是能够通过云 Web 托管解决方案，实现各种网站托管和多个常见平台的技术支持。州机构可以灵活增加或减少所使用的虚拟服务器数量，并按照实际使用的资源付费，不需要预付费或签订长期合约，这些都有助于减少重复建设和降低成本。该平台打通了上述州机构间共享实时数据的渠道，整合了公共部门的服务信息和福利发放数据，共享数据存储库提高了马里兰州公共服务和社会福利数据的完整性，帮助马里兰公共服务机构全面了解公民获得福利的情况，并跨机构分析数据以设计更好的援助计划，通过数据交叉验证还能够发现福利支付中的异常情况，提醒相关机构采取进一步行动以减少欺诈等带来的损失。[2]

第二节　日本：官民合作推动"超智能社会"治理

一、在科学技术基本计划中提出"超智能社会"愿景

日本政府高度关注前沿科技的影响，并持续开展科学技术预测、制定科学

---

[1][2]　State of Maryland Transforms Social Services Using AWS. [EB/OL]. (2022-2-16) [2022-5-5]. https://aws.amazon.com/cn/solutions/case-studies/maryland-dhs/.

技术基本计划。从 1971 年开始,日本科技政策研究所(NISTEP)每隔 5 年发布面向未来 30 年的科学技术预测报告。1995 年 11 月,日本政府颁布《科学技术基本法》,要求日本政府每 5 年制定《科学技术基本计划》。2020 年,日本原《科学技术基本法》修订为《科学技术创新基本法》,从 2021 年 3 月第 6 期开始,原《科学技术基本法》更名为《科学技术创新基本计划(2021—2025 年)》(见表 4-3)。

表 4-3 日本历次《科学技术基本计划》

编号	名　　称	5 年中政府(含地方)研发投入	相 关 内 容
1	《科学技术基本计划(1996—2000)》	约 17 万亿日元(实际投入 17.6 万亿日元)	建立更加灵活而有竞争力的研发体系,大幅增加政府研发投资
2	《科学技术基本计划(2001—2005)》	约 24 万亿日元(实际投入 21.1 万亿日元)	确定 4 个科技战略重点(生命科学、信息通信、环境、纳米技术和材料),延长青年人才任期,加强公共研究机构知识产权管理等
3	《科学技术基本计划(2006—2010)》	约 25 万亿日元(实际投入 21.7 万亿日元)	在 4 个战略重点领域基础上,推进能源、制造技术、社会基础、前沿技术;支持青年和女性研究人员;打造 30 个世界顶尖研究基地
4	《科学技术基本计划(2011—2015)》	约 25 万亿日元	注重科技创新在灾后复兴、可持续增长、社会发展等领域的作用
5	《科学技术基本计划(2016—2020)》	约 26 万亿日元	打造网络空间和物理空间高度融合、世界领先的"超智能社会"(社会 5.0)
6	《科学技术创新基本计划(2021—2025)》	约 30 万亿日元,官民总投入预计为 120 万亿日元	开拓知识前沿,恢复世界最高水平的研究和创新能力;打造可持续的强韧性社会,运用综合知识解决各类社会问题,实现多样化的社会福祉,实现人人幸福

资料来源:
　① 王玲. 日本《科学技术基本计划》制定过程浅析[J]. 全球科技经济瞭望,2017,32(4)26—34+68.
　② 王玲. 日本政府发布《科学技术创新基本计划》[J]. 科技中国,2021(6):93—95.

日本《2020 科学技术白皮书》预测了到 2040 年可能实现的 37 种未来技术，其中将近半数的未来技术与人工智能应用有关，包括高危、复杂和专业领域的自动化，机器人替代更先进、更精细化的人力作业，面向突发事件和危机状态提供实时风险评估等（见表 4-4）。

表 4-4　日本人工智能技术的未来应用场景

技　术　描　述	实践应用（年）
通过组装，实现桥梁支架等混凝土结构的组装等危险作业的无人化	2027
视觉障碍者和老年人放心、自由行走的导航系统	2028
实时翻译、口译所有语言的系统	2029
捕捉语境的 AI 系统	2029
通过测量和建模学习工匠的技巧和经验的 AI 系统	2029
存档工匠技术的农业机器人	2029
从事劳动强度大、具有先进的培育和收割技术的农业机器人	2029
无人机自动搬运到收货场所的系统	2029
卫生的实时灾害风险评估系统	2030
分析人的身心状态并立即给出建议的超小型设备	2032
自有远程操控机器人的身体共享技术	2033
在城市地区运送人的无人机	2033
不受地点限制的自动驾驶系统	2034
基于量子信息通信技术的高安全性自动驾驶系统	2035
预测暴雨、活火山、地震等自然灾害发生时间及损失的技术	2036

资料来源：
① 日本发布《2020 科学技术白皮书》：预测未来技术发展前景. [EB/OL]. （2021-4-7）[2022-5-5]. https://baijiahao.baidu.com/s?id=16963603219027608 12&wfr=spider&for=pc.

日本在人工智能技术领域缺乏国际竞争力，人工智能研发投资和人才汇聚不足，但是日本政府试图将人工智能技术运用于解决经济社会问题的探索在全球起步较早。2016 年 1 月，日本在第 5 期《科学技术基本计划》中首次明确人工智能发展方针并提出"超智能社会——社会 5.0"概念，并计划在 5 年内投入约

26 万亿日元的研发资金。日本《科技创新综合战略 2016》强调人工智能应当与人类社会"和谐共生",强调加强法律、伦理和社会影响等方面的研究和应用。[1]2017 年 3 月,日本内阁人工智能技术战略委员会发布《人工智能技术战略》报告,[2]提出推动人工智能在健康、医疗和社会福利领域中的应用,实现人工智能与交通领域的融合。2018 年 6 月,日本政府公布《未来投资战略 2018——迈向社会 5.0 和数据驱动型社会变革》报告,提出了未来推动医疗卫生、防灾减灾等智能社会建设领域的可能应用场景和发展蓝图。[3]2019 年,日本发布《AI 战略 2019》,指出日本可以在全球率先实现人工智能技术在社会领域的广泛运用,支持智能社会运转。2020 年受新冠肺炎疫情影响,日本行政系统大量依靠印章、信函和传真机等传统手段的弊端充分暴露。此后,日本首相亲自推动政府系统数字化转型,包括设置"数字厅",推动行政机关"去印章化"改革,[4]在行政系统配备人工智能等专业人员,建立支持多语种的行政服务平台,推动"一站式"智能服务等。[5]这些举措旨在提升网络空间与物理空间融合的价值创造能力,营造"任何人都能进行跨区域数据合作的生态环境"。[6]更名后的《科学技术创新基本计划》旨在突出创新的重要性,预计日本政府将在 2021 年至 2025 年内投入约 30 万亿日元的研发资金;政府和社会资金投入总额目标预计为 120 万亿日元。[7]总体上看,日本政府优先考虑将人工智能技术运用于解决突出的社会问题及其关联的经济问题,如深度老龄化带来的医疗服务资源稀缺、特定领域(如物流运输)劳动力严重短缺、少子化对经

[1]　王玲.日本政府如何布局发展人工智能[J].科技中国,2020(12):31—33.
[2]　王彦雨,高芳.主要国家人工智能技术发展路线图规划模式及启示[J].中国科技论坛,2022(1):180—188.
[3]　房迪."社会 5.0":日本超智能社会规划及对中国的启示.[EB/OL].(2020-3-16)[2022-5-5].http://www.cssn.cn/gjgxx/gj_bwsf/202003/t20200316_5101812.shtml.
[4]　华义.日本雄心:超智能社会[N].文摘报,2021-5-18(3).
[5]　王玲.日本政府如何布局发展人工智能[J].科技中国,2020(12):31—33.
[6]　王玲.日本政府发布《科学技术创新基本计划》[J].科技中国,2021(6):93—95.
[7]　华义.日本雄心:超智能社会[N].文摘报,2021-5-18(3).

济社会的深远影响等，并试图运用技术和数据全面推动产业、政府和社会数字化转型，实现从"解决问题"到"创造价值"的升华。[1]从长远来看，未来30年，日本将形成基于人性、包容、可持续和好奇心四大基本价值观的超智能社会体系，人工智能新技术将极大丰富人们的文化娱乐活动；真实世界和虚拟世界将实现协调发展，机器人替代劳动者将成为全球产品和服务供给的普遍形态；个性化定制与普适性方案之间能够相互协调平衡，智能技术可以帮助人们在无意识中实现最优选择；技术能够通过健康管理、再生医疗等方式较好解决人们的身心健康问题甚至帮助人们提升身体机能，让每个人都能够成为更加健康和卓越的个体。[2]

二、 强调官民合作在人工智能技术开发应用中的作用

日本在人工智能技术领域积极推动官民合作。第一，提升官民对智能社会的"共情"能力。通过人工智能应用下的社会愿景描述，消除民众对人工智能技术的偏见、担心、误解和恐慌。如日本政府在《综合创新战略2019》中专门强调人工智能技术带来的"超智能社会"将是有尊严的、可持续的、尊重差异、追求幸福生活的社会。[3]第二，官民一体化推动人工智能技术尖端产品开发。如"官民技术合作"被写入2022年4月提交日本国会的《经济安保法案》，具体措施包括政府向企业提供财政支援，加大核心基础设施免遭网络攻击的安全审查力度，限制"专利非公开化"领域相关核心技术的信息公开等。[4]第三，加大官民在资金和数据合作上的联合投入。如《科学技术创新基本计划（2021—2025）》期望官民投入总额可达120万亿日元。[5]又如，《综合创新战略2018》计划建

［1］ 华义. 日本雄心：超智能社会[N]. 文摘报，2021-5-18(3).

［2］ 惠仲阳. 日本发布第11期科学技术预测报告[J]. 科技政策与咨询快报，2020(1)：7—12.

［3］ 王玲. 日本政府如何布局发展人工智能[J]. 科技中国，2020(12)：31—33.

［4］ 日本政府确认经济安保法案将增加官民技术合作等专家建议. [EB/OL]. (2022-2-4)[2022-5-5]. https://baijiahao.baidu.com/s?id=1723815447527957243&wfr=spider&for=pc.

［5］ 华义. 日本雄心：超智能社会[N]. 文摘报，2021-5-18(3).

立全球领先的官民数据合作基础,并在 5 年内实现利用人工智能解析大数据。[1]第四,面向民众关心的社会问题领域着重发力。以下是三种典型的不同领域人工智能应用场景:

1. 为每一位患者提供个性化的医疗救治和健康指导服务

根据"超智能社会"蓝图,日本将人工智能技术应用于医疗服务的目的是帮助日本缓解深度老龄化趋势对医疗资源的高需求,并为患者提供更加及时、合理、个性化的健康干预。具体设想包括:运用人工智能技术实时收集每一位患者的生理数据、医疗救治数据、患疾病情况和生活环境数据等相关信息并进行分析处理,辅助患者分级分类和分流救治工作。对识别出的可以居家治疗的患者,运用机器人等为独居老人等生活不便患者家庭提供居家治疗辅助服务。对识别出的未来将出现症状或病情恶化的患者,为其提供预防预警提醒,降低病情恶化风险,减少因病情加重给患者带来的痛苦。完善患者电子病历,对需要紧急救治的患者,通过医疗数据流通共享等方式,做到在救护车到达之前医生就能够通过调取电子病历了解患者疾病史和就诊情况,压缩需要紧急救治的患者的等待时间,使其能够在第一时间获得急救。对识别出的行动不便但需要医生救治或定期需要就诊的患者,日本计划通过远程医疗技术作为医生上门提供诊疗服务的替代方案,并在必要时提供线上会诊。远程医疗和线上会诊有助于在满足医生问诊需要的前提下,减少医生携带医疗设备上门服务的资源消耗,为医生节省更多的时间和精力多看几个病人。同时,也能减少患者往返跑动医疗机构的辛劳波折和污染暴露,让患者以更便捷的方式获取必要的医疗服务。日本基于人工智能技术的智能医疗谋划,为实现患者分级分类分流就诊,减轻医疗机构诊疗负担,缓解医疗资源紧张趋势,提供可能的解决方案;同时,也有助于为患者提供多元化的便捷就诊渠道,减轻患者因病情加重和漫长等待造成的次生风险,并有助于更好保障独居老人和行动不便患者享受必要医疗服务的

---

[1] 王玲.日本政府如何布局发展人工智能[J].科技中国,2020(12):31—33.

基本权利及其所接受服务的质量。

2. 运用救灾机器人和智能化系统提升灾害救援能力

救援机器人和智能化系统是日本减少灾情损失的重要智能化应用。受板块移动、海洋性气候和新冠肺炎疫情等综合影响，日本不仅面临着地震、台风、火山喷发等传统自然灾害风险，还面临着疫情传播等非传统安全风险。灾害预警预防和突发事件应急处置是日本居民生活中难以回避的挑战。日本在"超智能社会"蓝图中提出综合运用智能医疗、智能运输，叠加人工智能、大数据、物联网、卫星遥感等技术，提升灾害预警和灾后救援能力。同时，救援机器人已经在日本不少灾害现场参与救援，弥补了救援人员信息不足和特殊处境下人力救援难度大、效率低等问题。总体上看，人工智能应用在日本灾后救援中的发展空间主要包括以下四个方面：

一是灾情预警和风险沟通。日本计划建设集成特定算法的综合性智能化防灾减灾系统，对卫星遥感和气象雷达等检测系统数据进行研判分析，当出现自然灾害等异常情况，系统能够自动通过手机端和电视台等终端向日本居民发布灾害信息和逃生指南。如当智能化系统发出地震预警时，系统会自动向居民发送临近的避难场所和有效的避难方式等讯息，让居民能够在最短时间内获得较为精准的避难指南，避免居民恐慌，缩短逃生时间，减轻救援压力。

二是辅助灾害救援。当地震等突发事件发生后，灾情信息不完全和救灾物资短缺是制约灾害救援的主要因素。因此，日本政府计划在"超智能社会"建成时实现通过无人机实时侦查灾区情况，并让救灾机器人通过激光或热图像等技术生成照片、视频乃至 3D 地图，[1]并实时传回灾情数据，后台发挥数据、算法和算力合力进行灾情智能研判，作为重要的决策辅助并促使相关部门能够快速向外调拨救灾资源。

---

[1] 救援机器人：开发新一代救生机器人. [EB/OL]. (2021-6-11) [2022-5-5]. https://techclass. rohm. com. cn/knowledge/tech-info/connect/trending/robots-to-the-rescue-discover-the-new-generation-of-life-saving-robots.

三是运用智能设备提升救援效率。如清障机器人能够在救援人员进入灾区之前先行对破碎的家具、砖块等杂物进行清理,减少救援人员在攀爬中受伤的概率。[1]又如,日本警视厅发明的履带式救援机器人能够将伤亡率降低60%。这种机器人外形像方盒子,两侧由履带围合,配置了摄像头和机械臂等装置,在救援过程中能够将伤员"吞"进肚子里并带离危险区,机器人还能够同步运用安装在内部的各种传感器感知伤员的伤情。日本不少消防队和安保部门配备了这款机器人。此外,日本还开发了基于视频显微镜技术的蛇形救灾机器人参与空间狭小地区的灾后救援。[2]据悉,蛇形机器人能够爬上20度的斜坡,并绕开约15厘米高的障碍物。

四是通过智能运输保障救灾物资有效投递。如对于出现路面破损的情况,启动无人机进行小批量无接触物资配送;在救援人手稀缺时,运用无人驾驶汽车投递物资,最大限度确保救援物资能够以最快速度、最安全方式送达灾民手中。当发生森林大火时,运用机器人向偏远地区的受灾居民运送食物、水、急救用品等维持基本生存的救援物资。

3. 为在日本工作的外国居民提供人工智能同声传译技术

日本计划从2020财年开始投入财政资金研发人工智能同声传译技术,为来日本工作的外国居民提供更加高效优质的语言环境,并吸引具有特定技能的外国居民来日本工作。人工智能同声传译技术预计于2025年开发完成并投入使用,预计将在政府办公室、外国居民医疗服务机构、旅游设施和酒店等涉外场合使用。人工智能同声传译技术具有三个方面的主要特点:一是覆盖语种广泛,能够较好覆盖在日本工作的具有特定技能的外国居民所使用的主要语言,包括英语、韩语、葡萄牙语、蒙古语、尼泊尔语和高棉语等至少15种语言。二是

---

[1] 救援机器人:开发新一代救生机器人.[EB/OL].(2021-6-11)[2022-5-5]. https://techclass.rohm.com.cn/knowledge/tech-info/connect/trending/robots-to-the-rescue-discover-the-new-generation-of-life-saving-robots.

[2] 日本科技:发明地震救灾机器人,降低伤亡率60%.[EB/OL].(2018-3-8)[2022-5-5]. https://www.sohu.com/a/225089447_481520.

能够实现边对话边翻译。此前,日本内部省已经引进了能够翻译简单短句的终端,但其存在不能长时间翻译,无法处理长句和对话断断续续等问题,局限性较大。开发利用人工智能同声传译技术的目的就是最大限度地克服上述缺陷,通过对每种语言本文的大量存储和学习,让机器实现边对话边翻译的"即时感"。三是降低特殊日语用法的翻译差错。人工智能技术在翻译特有的日语表达、地名表达和同音异义词等内容时,很容易出现差错,这会降低用户的体验感和满意度。因此,日本科技部希望与技术开发商合作,通过提供文本库,增加根据上下文来选择正确的表达等方式,提高即时翻译的准确率。[1]

三、 人工智能应用促进日本智能治理的启示

综上所述,日本智能治理的启示有三个方面:第一,立法和规划先行。日本的科学技术基本计划随《科学技术基本法》调整,对科学技术具有跨越 30 年的前瞻性部署和 5 年的中期规划,超前布局意识强。以立法形式序贯推进,能够增进政府和民众对前沿技术的稳定预期,也有助于推动技术人才培养、科技体制改革、前沿技术研究和应用场景开发的协同推进。第二,发挥比较优势。日本在人工智能技术领域并不领先,但在运用人工智能解决社会问题方面具有比较优势,因此,日本将打造可持续的韧性社会作为"超智能社会"建设的重要努力方向,既能够争取民众的最大认同,又能够发挥比较优势。第三,智能治理的潜在受益者人群广泛。既包括国内居民,也包括来日本工作的外国人;既包括常态下的人群,也包括受灾的民众。如智能医疗能够覆盖日本全体居民,作为自然灾害频发的岛国,几乎全体居民都会遭受地震和台风等威胁,因此,智能救灾也能让全体日本居民获益。此外,日本政府为外国居民提供的人工智能同声传译技术,能够帮助其跨越不同语种与日语交互的障碍,让各国人士都能享受日本智能治理的福利,同时,这也能为日本招揽更多具有独特技能的国际人才。

---

[1] 日本政府计划开发升级的 AI 解释器. [EB/OL]. (2020-1-7)[2022-5-5]. https://baijiahao.baidu.com/s?id=16550349984171147811&wfr=spider&for=pc.

当然，日本智能治理的很多构想还没有完全实现，未来是否能够真正落地还有待持续跟踪。

第三节　新加坡：数字孪生与产学研协同的人工智能生态

新加坡在全球较早启动智慧城市、智慧国家建设。2006 年，新加坡提出"智慧城市 2015 计划"；2014 年，新加坡在全球首先提出"智慧国 2025 计划"。自计划提出以来，新加坡数字基础设施建设更加完善，并致力于提升全民数字素养。2019 年 10 月，新加坡成立国家人工智能办公室，该办公室隶属于新加坡智能国家和数字政府办公室（SNDGO）。次月，新加坡发布国家人工智能战略，[1]并启动国家级人工智能研发平台——人工智能创客。新加坡国家人工智能战略指出："到 2030 年，在与企业和市民息息相关的高价值关键领域，要将新加坡打造成研发和部署均有影响力的人工智能解决方案先行者。"[2]值得关注的是，新加坡是人工智能高质量研究上的国际佼佼者，高质量研究也是新加坡促进人工智能应用、开展人工智能公私合作、国际合作的"硬核"武器。

一、"虚拟新加坡"：基于数字孪生的智能解决方案

"虚拟新加坡"（Virtual Singapore）项目由新加坡国家研究基金会牵头开发，协同新加坡土地管理局和新加坡政府科技局等多个政府部门，预计将投入 7300 万美元，建成后由新加坡土地管理局负责运营。[3]"虚拟新加坡"的三维城市数字模型基于现有二维地理空间和非地理空间平台数据以及新加坡土地管理局的三维地图数据综合开发而成，并将运用先进信息和通讯技术在静态模

---

[1][2]　徐婧. 新加坡国家人工智能战略聚焦 5 项计划[J]. 科技政策与咨询快报，2020
　　　　(1):14—17.
[3]　Virtual Singapore. [EB/OL]. (2022-5-5)[2022-5-5]. https://www.nrf.gov.sg/programmes/virtual-singapore.

型基础上注入实时动态数据（如人口、气象、运动等）。"虚拟新加坡"主要有三大功能：第一，帮助公共部门以可视化方式开展政策实验和压力测试。如帮助检查哪些区域网络信号较弱，并提供增加信号覆盖后该区域的改善状况。又如，可以运用三维模型模拟公共场所不同的疏散方案，从而优化紧急情况人群疏散路径。此外，居民还可以通过三维模型直观了解区域改造可能带来的各方面影响。第二，通过数据开发创造经济和社会价值。如企业可以利用丰富的平台数据开展业务分析，优化资源调配方案，提升利润空间；社区可以利用公共数据提升自治能力；居民和游客可以利用开放数据提升居住和游玩体验。第三，以公私合作方式催生正外部性较强的研发共同体。如通过向研究人员授予特定的访问权限，激发更多研究人员参与开发更先进的三维技术开发。又如，鼓励不同社会主体参与进来，为推动新加坡解决不断涌现的治理问题（如宜居问题）提供民间智慧。

二、 基于"较小原始数据"的人工智能应用

新加坡国土面积仅 728.6 平方千米，总人口不足 600 万，空间规模的有限性使得新加坡的大数据规模与世界上许多国家和城市相比相形见绌。因此，新加坡需要采取多种方式来解决人工智能应用中的数据规模问题，包括开发基于"较小原始数据"规模的人工智能应用系统，深化公共部门和私人部门的数据合作和数据流通以及深化海外数据合作等。新加坡智慧国家计划倡导"3C"理念和"3In"原则，所谓"3C"是指连接（Connect）、收集（Collect）和理解（Comprehend）；所谓"3In"是指创新（Innovation）、整合（Integration）和国际化（Internationalization），[1]核心是"从单体的数字化向城市级实时交互的数字化转型，打造合乎道德的、负责任和安全的、面貌一新的城市"。其中，连接和收集都有助于缓解数据规模较小的缺陷。新加坡在诸多领域开展人工智能应用，如运用混合人工智能技术，如将人工智能技术与物理模型、工程模型相结合，解决城市

---

[1] 沈霄，王国华.基于整体性政府视角的新加坡"智慧国"建设及启示[J].情报杂志，2018，37(11):69—75.

中的关联复杂问题,优化无人出租车运行方案,在对风建模基础上优化无人机配送方案,为工业领域提供智能预测性维护等。此外,新加坡还在人工智能计划中提出未来打算实现的五个应用场景(见表4-5)。

表 4-5 新加坡国家人工智能计划的应用场景

领域	细分领域	人工智能发挥的主要功能	场景具体描述与可能解决方案
交通物流	智能货运规划	促进信息共享,优化交通规划	货物运输产业链长,不同环节操作系统相对独立且缺少有效链接,带来转运效率低下、货运装卸点周边交通拥堵,货运产业资产利用率低,货运司机收入受影响等。人工智能技术将被运用于推动货运部门信息共享,实施智能交通规划等,从而解决货运效率低下和交通拥堵等问题,并进而提高货运资产利用率和货运司机的工作效率
市政管理	高效无缝化的市政管理	智能语音对话,自动发现问题,自动生成结果	人工智能聊天机器人能够指导市民更准确有效地反映市政故障问题,帮助市政管理部门缩短用于复核和解决问题的时间和人力。运用智能感知装置和人工智能算法能够自动发现住宅管理服务问题而不需要市民上报或管理部门巡查。运用人工智能技术自动生成公共基础设施使用报告,并为使用这些设施的市民提供更便利、更有针对性的服务指引
健康管理	慢性疾病预防与管理	事前提供预防性医疗服务,事中辅助医疗诊断,事后提供针对性的健康管理建议	人工智能技术能够为市民提供定制化的慢病风险评估,以便及时发现慢病并进行健康干预。为医生提供临床诊断支持,提升医生诊疗效率。市民可以通过个人定制化的慢病管理系统,提升自我管理慢病的能力
教育服务	基于适应性学习和评价的定制化教育	"量身定制"学习方案,自动打分减少教师重复性任务,为学生提供虚拟学习伙伴	人工智能技术能够让学生获得适应自身学习特点和优劣势的学习体验。基本人工智能应用的自动打分系统能够减少教师在批改作业和试卷上花费的时间精力,并帮助教师通过数据分析更有针对性地指导学生进行高效学习。人工智能学习伙伴将陪伴学生,提升学生的学习兴趣
边境安全	便捷的边境管理	身份识别自动化	实施自动入境检查,实现快速、无感入境,避免排长队。释放边境安全检查部门的人力资源,将其投入更高质量的工作中

资料来源:
① 国际观察130|科技改变新加坡(二):新加坡国家人工智能计划. [EB/OL]. (2020-12-17) [2022-5-5]. sohu.com/a/438780743_651721.

三、 打造具有开放性的人工智能治理生态

新加坡注重人工智能治理生态建设，具体包括五个方面：第一，发挥好产学研三者的协同联动作用。通过政产研联动，推动人工智能基础研究及其转化运用。寻找政府、产业界和研究机构的利益共同点，构建协同运作体系，推动人工智能基础研究成果的快速商业化。具体包括加大政府对人工智能的研发投入，推动产业界和研究机构建立合作机制，建立人工智能创新测试平台等。如2017年5月，新加坡国家研究基金会推出"国家人工智能核心"（AI. SG）计划，计划投资1.5亿新加坡元（约7.35亿人民币）用于产学研协同推动人工智能应用创新，包括提供应对交通拥堵、老龄化、精准医疗等问题的解决方案等。[1]又如，"游族新加坡"与新加坡南洋理工学院、义安理工学院、共和理工学院、新加坡理工学院、淡马锡理工学院五校开展产学研合作。合作内容包括提供真实行业场景或任职机会，开展联合教学科研项目，组织工作坊和案例研讨等。深化产学研合作，既能充实产业界的技术实力，又能提高未来技术人才的就业竞争力，还可能在产学研协同联动中创造新的价值。[2]

第二，完善适应人工智能治理生态建设的人才队伍建设。包括人工智能领域的紧缺型人才和普遍提升国民的数字素养。在人工智能专业人才方面，通过自主培养和国外引进"两条腿"走路的方式加速填补人才数量和质量空缺。在提升国民数字素养方面，新加坡制定了全民"数码通"计划。新加坡政府全额资助小学生学习编程"必修"课，从小学开始培养学生的计算机思维和编程能力。政府出资为中学生配备个人电脑用于线上学习和编程教育，编程科目也被纳入新加坡中小学考试科目。大学生将接受网络安全技能培训并可能具备网络安全方面的从业能力。对于其他社会成员尤其是年长者，新加坡政府不仅为其提

---

［1］ 新加坡推"国家人工智能核心"计划发展数字经济. [EB/OL]. (2021-7-20) [2022-5-5]. https://world. huanqiu. com/article/9CaKrnK4b6b.

［2］ 游族与新加坡五所理工高校达成合作　产学研联动助力游戏行业人才培养. [EB/OL]. (2020-8-17) [2022-5-5]. https://www.youzu.com/news/enterprise/5155182.html.

供最基础的计算机知识和数字技能培训,还鼓励熟悉数字技术的专业人员等群体到图书馆等地为公众提供义务讲解和帮助。

第三,搭建数据架构,完善数据底座。搭建纵向互联、横向互通、公私合作的数据共享架构,实现安全性高、可靠性强的高质量数据访问。尤其针对新加坡数据量相对较小的情况,重点发展公共部门和私人部门数据合作,建立相应的数据合作框架和可靠的数据合作服务中介。如"虚拟新加坡"能够为私人部门提供丰富的业务场景,新加坡个人信息平台 MyInfo 能够将公民自愿填写并授权使用的个人信息共享给银行、电信等部门,在公民办理业务时减少当面认证、资料审核等诸多环节和时间,大幅提升审批效率。

第四,营造先进可靠的人工智能生态环境。主要内容包括:一是基于数据共享或开放接口权限等为专业人士测试、开发和部署人工智能解决方案提供更优质的研发环境。二是开发可信赖的人工智能算法,提升市民对人工智能应用的信任度。三是强化制度与技术的协同性。如通过完善知识产权制度,鼓励技术创新;优化专利申请流程,加快专业审批速度,为人工智能领域的技术研发提供更友好的环境。如 2019 年 1 月,新加坡资讯通信媒体发展局(IMDA)和个人资料保护委员会(PDPC)推出了"人工智能监管模式框架",旨在指导和监督企业在提供人工智能产品和服务时妥善处理损害消费者健康或存在伦理道德问题的应用情形。同时,新加坡在金融、医疗等领域率先推出指导原则,并在金融领域率先启动人工智能监管工具(Veritas),由人工智能参与信贷评级与核保等,[1]未来新加坡还将在更多领域推动人工智能技术善用相关工作。

第五,积极开展人工智能领域的国际合作。一是引导人工智能国际对话。二是参与人工智能政策与国际标准制定。三是跨国开展人工智能项目等。[2]

---

[1] 新加坡政府将出台指导原则帮助企业善用人工智能科技.[EB/OL].(2021-11-12)[2022-5-5]. http://sg. mofcom. gov. cn/article/zcjx/xjpsczc/202111/20211103216801. shtml.

[2] 徐婧. 新加坡国家人工智能战略聚焦 5 项计划[J]. 科技政策与咨询快报,2020(1): 14—17.

2018 年以来，新加坡凭借高质量研究与中国海量数据进行"优势互补"，不断深化与中国的人工智能合作。2017 年 12 月，新加坡国立大学苏州研究院成立"新加坡国立大学人工智能创新及育成中心"，该中心于次年加入苏州工业园区人工智能产业协会和江苏省人工智能产业技术创新战略联盟，旨在推动人工智能在健康、金融等领域的国际合作并解决苏州地区企业技术升级难题。[1]2018 年 1 月，以人脸识别系统研发见长的依图科技在新加坡设立首个海外办事处。2018 年 2 月，新加坡南洋理工大学（NTU）与中国阿里巴巴集团成立联合研究机构，由双方共同派出研究人员，联合开发医疗、住宅和交通等领域的人工智能技术和应用。[2]同年，新加坡全国人工智能核心（AISG）与中国的星环科技合作开展人工智能联合项目研究、人才互访和技术信息互通等。[3]

---

［1］ 人工智能技术及产业化研讨会成功举办：人工智能技术推动科技革命与产业革命. ［EB/OL］.（2018-12-6）［2022-5-5］. http：//www. nusszai. cn/％E4％BA％BA％E5％B7％A5％E6％99％BA％E8％83％BD％E6％8A％80％E6％9C％AF％E5％8F％8A％E4％BA％A7％E4％B8％9A％E5％8C％96％E7％A0％94％E8％AE％A8％E4％BC％9A/.

［2］ 王欢. 日媒：中国与新加坡将加强人工智能领域合作. ［EB/OL］.（2018-5-3）［2022-5-5］. https：//tech. huanqiu. com/article/9CaKrnK8ciE.

［3］ 陈海峰. AI 领域深度合作　星环科技与新加坡国立大学成功牵手. ［EB/OL］.（2018-3-5）［2022-5-5］. https：//www. chinanews. com. cn/it/2018/03-05/8460164. shtml.

第五章
结论与展望

本章总结提炼了人工智能对地方政府智能化治理的影响路径,并指出技术与制度耦合不佳、风险与应用内在紧张是弱人工智能实现有限技术嵌入的重要影响因素。人工智能应用对地方政府雇员的数字素养和智能化治理能力有全新的要求,迫切需要构建和完善智能化治理能力谱系。未来,地方政府应当致力于构建"敏捷—包容—负责"的智能化治理生态。

第一节　人工智能对地方政府智能化治理的影响路径

人工智能应用在地方政府智能化治理中正在发挥日益重要的作用,技术采纳形态日益丰富,对经济、社会和治理活动的嵌入日渐深化。特别是在东部沿海城市,人工智能应用对城市精细化治理、社会民生保障和高品质生活推进等领域的活动产生了明显的助推作用,人工智能技术能够较好地与互联网、大数据、5G、云计算等其他新一代信息技术结合应用,发挥综合效应。

如图 5-1 所示,人工智能应用能够触发地方政府治理能级提升。从"输入"端来看,地方政府智能化治理中的人工智能应用主要发挥了三个方面的作用:一是释放人力资源。具体是指减少政府雇员从事枯燥、重复、程式化工作的时间和精力投入,让其有更多的时间和精力去从事协调、沟通、创造等更需要人际交往和人脑智慧的工作任务。比如,24 小时政务服务智能受理终端能够帮助窗口工作人员减少相当比例的工作量。二是推动流程优化。人工智能应用在一定程度上影响了地方政府的履职范围和履职深度，而弱人工智能技术尚无法对政务活动进行全盘替代，这就倒逼政府进行跨部门、跨层级、跨地域的业务重组和流程再造，以减少职责交叉模糊，并让更多的任务得以被拆解成电脑和机器能够完成的细分模块。如远程身份核验、预填表、"一业一证"改革等都是局部智能化的典型应用。三是提供增强方案。人工智能应用能够让地方政府更加清晰、精准、实时地感知城市的"人、物、动、态"变化，实时或接近实时地完成海量数据的分析处理，并对异常状态进行有效预警，这都超越了人脑的处理能力和处理速度。

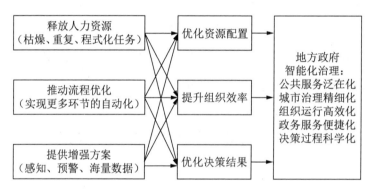

图 5-1　人工智能应用对地方政府智能化治理的影响路径

从"过程"端来看，人工智能应用已经使得地方政府组织内部出现了深层次变化。一是优化资源配置。对人工智能的技术采纳加速了地方政府组织内部的资源流动，包括人力资源、数据资源、业务资源和运作资源等，让地方政府得以在最早的时间做出更为优化的资源配置选择。二是提升组织效率。"效率行政"是地方政府智能化治理最具显示性的绩效维度，深刻渗透在地方政府"高效""快办"等具体的政策倡导中。现阶段，地方政府智能化治理架构已经显现出纵向贯穿和横向连通的特点，这有助于让数据流动、信息传递和业务衔接等都变得更加高效。从长远来看，人工智能应用还能够通过减少智能化环节的人力成本、管理成本和信息系统重复建设成本，让地方政府进入更加经济、节约、高效的运作模式。三是优化决策结果。公共决策是政府治理的核心活动,人工智能应用通过扩大决策者注意力范围,深化决策者对事态变化的理解,补充客观性分析结果等,让公共决策结果更加客观、科学和公正。

从"输出"端来看,地方政府智能化治理能级提升突出表现为公共服务泛在化、城市治理精细化、组织运行高效化、政务服务便捷化和决策过程科学化的"五化"特征。一是公共服务泛在化。通过人工智能应用让政府得以更加及时地向尽可能多的公众提供其所热切需要的公共服务,让公众感受到政府的公共服务无处不在,从而实现公共服务泛在化。二是城市治理精细化。运用人工智能帮助政府准确摸清城市的微观机理,精准锁定管理和服务的特定群体或个体,采取精准施策、靶向治疗,减少治理活动对城市有机体其他组成部分的影响或干预,从而达到城市治理精细化的效果。三是组织运行高效化。通过智能化基础设施支撑下的数据流通、信息共享及其实现过程的数字化、自动化和智能化等,压缩不必要的冗余、重复和浪费,推动政府组织整体化、系统化运作,从而使有限的资源发挥更大的作用,创造更多的公共价值,实现组织运行高效化的现代政府治理目标。四是政务服务便捷化。运用智能化解决方案不断压缩、改进和优化政务服务流程,减少证明数量、材料数量、跑动次数和等待时间,让企业和群众享受到更加方便、快捷、质量有保障的政务服务供给,实现政务服务便捷化。五是决策过程科学化。借助人工智能应用将海量数据分析得到的客观结果作为辅助决策者主观决策的重要补充,推动公共决策从纯经验决策到混合型决策转变。

第二节 弱人工智能应用对智能化治理影响的局限性

现阶段地方政府智能化治理中的人工智能应用仍处于弱人工智能应用的起步阶段,具体有三大表现。其中,技术与制度耦合不佳、风险与应用内在紧张两大原因最为突出。

一、 正视弱人工智能应用

相比于强人工智能，弱人工智能无法模拟和替代人类的心智模式、价值判断和伦理意识。在地方政府智能化治理活动中，弱人工智能应用的局限性突出表现在三个方面：

第一，即便是成本较低、易被采纳、易用性高的人工智能技术，其对智能化治理效能的影响，仍受到科层制架构、运作机制、组织文化、政府雇员接受度、公众对智能技术的信任度等诸多"非技术性"因素的影响。如智能感知设备能够将问题发现和派单时间缩短到"秒级"，但问题处置过程容易受到条块分割的体制影响而被延误或搁置，最终导致智能化治理的综合效能被削减或抵消。

第二，即便在数据、算法和算力较为充足的情况下，应用场景匮乏仍是当前制约地方政府智能化治理的重要因素。地方政府主要有三个智能化应用场景来源：一是商业企业或技术公司推荐场景。这类场景大多是商业逻辑下运作的相对成熟的应用场景，技术实现风险较小，但缺陷是商业逻辑较之城市复杂巨系统的治理需要过于简单，难以根治城市治理的根本性问题。二是政府内部设想的应用场景。这类场景高度依附于政府内部工作人员的数字素养和技术认知，场景萌生的偶然性较大，而且如果场景过于狭小则容易陷入部门业务局限，如果场景过于宏大则超出了技术公司的服务供给能力。当然，政府内部产生的场景还可能来源于政策学习和创新扩散，但这类场景往往缺乏新意，无法满足项目创新的"政绩"追求，也较难回应智能化治理先导型城市遇到的那些问题。三是政府和技术公司"共创"的场景。这类场景试图在技术供给与治理需求之间寻找平衡点，其输出的可能是"展示性场景"，即通过高度冗余的新技术陈列尽可能挖掘和呈现智能设备应用所能达到的极致状态，为后来者提供示范和选择的边界；其输出的还可能是政府与技术公司反复谈判妥协让步后的"可能解"，而不是政府预期想要达到的"最优解"或"满意解"。

第三，地方政府智能化治理中的人工智能应用仍是局部、个别环节、有限功能的应用。比如，现阶段可以做到将"发现—上报—派单—处置—反馈—评估"

等城市管理闭环中的部分环节智能化（常见的有智能感知和智能派单等），但是各地尚无法将处置环节智能化，这就对线上线下衔接协同提出了很高的要求。这也与产业领域的人工智能应用存在较大差距，后者不仅可以智能感知设备或环境的异常状况，还能够自动发送指令给智能化设备进行模式或状态调整。

二、技术与制度耦合不佳

人工智能领域的制度结构欠合理，智慧社会领域建设制度化过程欠缺，成为制约地方政府智能化治理进程的重要因素。研究结果表明，中央政府制度体系较地方政府更加健全，产业类政策比治理类政策更加完善，但服务人工智能生态体系的制度设计不足。除少数地方政府"比学赶超"意识较强外，绝大多数地方政府在运用人工智能开展智能化治理活动时仍主要采取追随者策略。

第一，人工智能是我国重要的国家战略，中央政府已经基本形成围绕人工智能的战略框架、发展规划、配套制度和实施策略，战略目标相对明晰，制度规范更加健全。但地方政府政策跟随现象较为突出，尤其缺乏聚焦智慧社会建设目标的较具统筹性、系统性和全局性的顶层设计和制度安排，大量地方智能化治理工作通过地方规范性文件和地方工作文件来推动，制度效力较低，尚未积累起制度化经验。

第二，人工智能产业类政策的文本数量、覆盖范围、影响程度和研究深度都比治理类政策更胜一筹，这有助于推动人工智能与实体经济深度融合目标的早日达成，但相比之下，服务于智慧社会建设目标的制度配套相对不足。实践创新与制度创新的双向正循环尚未形成。地方政府智能治理实践创新先于制度创新，制约地方政府加快实践创新步伐，步子不敢迈得太大，也更容易在实践探索中触碰制度模糊地带。

第三，服务人工智能生态体系建设的制度设计不足。一是缺乏国民智能素养提升方面的制度设计。如通过政府主导的服务供给方式来提升全民数字素养和智能设备接入水平，有助于填补、消弭经济社会领域快节奏的技术迭代所带来的巨大数字鸿沟，推动实现智慧社会建设红利惠及全民，更快达到"一个都不能少"的"共富"目标，但现有制度体系中缺乏此类制度安排。二是缺乏打造世界级人工智能人才梯队的统筹性制度设计。我国人工智能人才队伍建设主要依靠"双一流"高校，未能充分打通"产学研金用"全链条在人才塑造中的作用；缺乏一体化、可持续、高站位的人才队伍建设方案，无法兼顾纯理论型、专业型、通用型和应用型等不同人才梯队建设需求。

三、风险与应用内在紧张

研究表明，地方政府智能化治理中的人工智能应用不可避免地伴随诸多技术治理风险，突出表现为由数据安全、信息安全、网络安全和使用者安全风险等共同构成的基础安全风险；由算法不可解释性、机器行为扭曲、算法偏见和算法漏洞等带来的算法安全风险；由技术性失业、社会心理问题和人工智能技术对价值观和道德判断的排挤等造成的社会安全风险；由制度完备性滞后、议题操纵和技术监管困境等导致的治理体系风险。总体上看，在地方政府智能化治理中，风险防范能力存在以下特征：

第一，高层地方政府的风险意识相对较强，能够通过制定地方性法规、提升"技防"水平，加强安全教育等方式来强化风险防范。如一些地方政府专门出台数据条例，规范公共数据使用，并就实践中遇到的数据跨境流动风险制定风险规避措施。但地方政府对风险防范的认知仍主要集中在数据安全风险和信息安全风险防范上，对算法安全风险和社会安全风险的前瞻性关注还不够。

第二，基层地方政府的风险意识和能力相对较弱，"重使用轻防范"现象较为突出。如街镇开发了大量小程序（如加装电梯、精品小区、疫情防控小程序等），经常一项工作就开发一个小程序，居委很多工作要在小程序上完成，导致小程序"满天飞"。但其中绝大多数小程序是基于互联网端采集数据，通过私有云开发，数据留在社会单位，增加数据和信息安全风险。又如，居委干部频繁变动，但是小程序访问权限收回不够及时，导致具有访问权限的干部数量不断增加,增加基层干部数据安全责任隐患。不少居委行政化色彩较重,居委干部信息化、数字化、智能化素养较弱,抱着完成任务的心态机械地推广智能门禁等工作,对于居民群众提出的数字鸿沟、信息安全和数据流向等问题缺乏回应能力。

第三,对于特殊风险类型缺乏关注。一是相对隐蔽的风险,如通过不同来源数据的关联分析从低价值数据中提取敏感信息,可能威胁公民隐私甚至社会安全。二是复杂算法风险。简单算法较容易实现技术中立和使用者理性,但是复杂算法较容易暴露出业务理解偏差、程序设计缺陷和使用者过度依赖等问题,更容易放大技术偏差和使用者有限理性带来的不完美,进而不断冲击伦理、道德、价值和公平底线。三是非区域性风险。在人工智能应用过程中,地方政府往往只能在行政辖区范围内实施安全风险防范措施,但在互联网、大数据等综合作用下的人工智能应用具有极强的跨地域性和跨层级性,其安全风险很可能突破地方政府的行政辖区,横向扩散到更大区域或纵向波及国家安全。这些风险的应对往往需要更高层级政府的统筹规划和统一部署。

正是因为地方政府已经意识到智能化治理可能带来的高度不确定性,因此,绝大多数地方政府采取有限技术嵌入的方式来应对现阶段对风险认知的有限理性以及可能伴随存在的技术使用偏差,以此将人工智能应用的负面技术影响控制在尽可能低的水平。

第三节 重塑人工智能应用驱动下的政府雇员能力谱系

技术善治在相当程度上取决于技术使用者的善知、善用与善行。重塑政府雇员智能治理能力谱系是强化地方智能化治理的内在驱动力。习近平总书记强调:"善于获取数据、分析数据、运用数据,是领导干部做好工作的基本功。"[1]人工智能是数据、算力、算法和应用场景的集成,完善政府雇员的能力

---

[1] 在十九届中央政治局第二次集体学习时的讲话(2017 年 12 月 8 日)[N].人民日报,2017-12-10.

谱系，是提升地方政府智能化治理水平的关键（见图 5-2）。

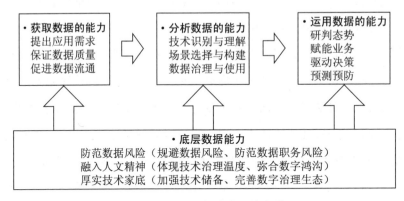

图 5-2　政府雇员智能治理能力谱系

一、提升公共部门雇员获取数据的能力

公共部门无论通过何种渠道获取数据，都应当遵循三个基本原则：问题驱动原则、最小数据原则和单一场景原则。问题驱动原则是最小数据原则的前置条件，最小数据原则是单一场景原则的前置条件，实践中这三个原则应当同时被遵循。

第一，问题驱动原则。问题驱动原则强调以应用为导向发起数据交换申请或开展数据采集活动，即在获取数据前需要明确数据应用的具体场景和特定目的；而不是先盲目收集数据再寻找适用场景。问题驱动原则约束了随意获取数据的行为。

第二，最小数据原则。最小数据原则强调当公共部门为了公共利益目的不得不要求个人让渡信息和数据时，这种让渡应当被限制在尽可能小的范围内。换言之，公共部门获取的公民个人信息的范围、类型和时间跨度应当是适当的、相关的和必要的。

第三，单一场景原则。单一场景原则约束了信息超范围采集和使用的风险。单一场景原则强调当管理者就特定场景征得公民对其信息收集和使用活动的允许后,不得随意将采集来的信息用于其他场景,除非管理者就后者同样征得个人信息产生者的允许。单一场景原则约束了信息超范围使用的风险。

地方政府在智能化治理中主要有三种数据获取渠道:第一,"换"——通过数据交换从其他部门或其他层级政府获取需要的数据。目前,一些城市在政府数字化转型中已经打通了数据交换渠道,但是"条块"间和"横向"部门间数据交换的实际感受度却有限,尤其是基层干部对数据交换的获得感不强。为了更好地发起数据交换申请,应重点关注公共部门雇员准确提出数据应用需求的能力,尤其是基层干部按照规范提出具体的数据应用需求的能力。

第二,"采"——数据使用部门主动采集原始数据。常见情形如政府职能部门面向企业和公众采集职责范围内的业务关联数据,基层社区工作者面向普通公民采集人口特征数据等。在"采"的方面,重点需要提升数据质量管理的能力。一是尽可能做到"数出同源"。整合碎片化信息系统,集中数据采集资源,打造统一、规范、标准化程度较高的人口、法人和地理信息等基础数据库,保障基础数据的同一性、均质性与可靠性。二是引入容"错"机制。政府采集数据的颗粒度并不总是越小越好,精准度也不总是越高越好,实践中满足最小够用的条件即可,否则,技术能力可能达不到,治理成本也会无谓增加。如不少城市通过移动大数据分析热门景点和交通枢纽大客流情况,这种方式实际上采集不到没有手机的儿童的在场信息,但这种误差并不会对政府大客流治理的最终效果产生实质性影响。因此,公共部门雇员需要具备何时采集何种限度的数据的判断能力。三是完善数据"纠偏渠道"。数据采集主体往往不必然是数据使用主体,而数据差错在使用过程中更容易被发现,当数据使用主体不具备更改数据的权限时,就需要建立和完善畅通的问题反馈机制,督促具备数据更改权限的主体依法依规修正数据,提升数据质量。

第三,"买"——从数据交易市场购买数据。公共数据并不能进行交易,私人数据可以进行交易。随着数据交易需求的增加、交易范围的扩大和交易金额的增长,将数据场外交易逐步规范为场内交易是重要的发展趋势。实践中,公共部门不仅需要使用公共数据,在一些场合也需要使用私人数据,如国有银行向国有电力公司购买企业用电数据以评估发放贷款的风险的数据交易活动已经真实发生。

总体上看,"换"和"采"是现阶段地方政府开展智能治理活动中的主要数据获取方式,而"买"相对较少。因此,现阶段提高数据交换能力、保障数据采集质量是提升政府雇员获取数据能力的重点。此外,政府是数据交易监管主体,为了促进数据交易市场的健康运转,政府还需要同时具备促进数据流通和加强数据交易监管的能力。

二、 提升公共部门雇员分析数据的能力

公共部门雇员分析数据的能力主要包括:技术识别与理解能力、场景选择与构建能力以及数据治理与使用能力。这三种能力同样是循序渐进、递进发生的,即技术识别与理解是场景选择与构建的前提,场景选择与构建是数据治理与使用的前提。

第一,提升技术识别与理解能力。技术识别与理解强调公共部门雇员对新技术特点、作用、功能、成本、风险等的基本认知,目的是敏锐识别哪些技术适用于当下的治理需要,哪些技术展示的成分高于实战,避免被技术公司牵着鼻子走。技术开发者具有天然的冲动将技术做到极致并"游说"政府部门使用这些技术,因为政府的使用是对技术公司技术能力的最好"背书",也是新技术"攻城略地"的最好突破口。因此,一些技术公司甚至会不考虑初始投入而向政府免费提供新技术,这些"免费"试用的技术看似成本较低,实际上遵循的也是逐利逻辑,并不会减少全社会的成本。反之,如果这些技术非适当必要却被要求全面推广,还可能增加后续政府用户的技术使用成本。此外,如果这些技术本身不符合治理需求或存在"杀鸡用牛刀"的现象,那么,这也意味着地方政府不仅偏离了收益成本最大化原则,还有可能增加政府自身的技术采纳风险,被质疑是政府与技术公司的"合谋"。因此,不直接从事信息化工作的公共部门雇员尽

管不需要会设计算法或开发程序,但至少需要能理解技术的核心功能,对于被商业公司包装和渲染得天花乱坠的各种前沿技术,能够进行科学甄别和筛选,就像总经理不需要自己做账,但是需要能够看懂会计报表一样。

第二,提升场景选择与构建能力。对于强调实战管用、应用为王、场景牵引的地方政府而言,缺乏合适场景是制约技术嵌入的突出瓶颈。智能治理场景的构建与传统治理场景构建存在较大差异,需要在确定性与想象力之间寻找平衡。具体而言,智能技术开发和应用具有较强的专业性,地方政府智能化治理离不开商业技术公司提供的技术服务。表 5-1 提炼了传统治理与智能治理差异的本质差异。

表 5-1 传统治理与智能治理的差异

	传统治理		智能治理	
利益关联主体	地方政府	技术公司	地方政府	技术公司
主体关系变化	委托代理		相互依赖	
治理知识特征	清晰	模糊	模糊	模糊
治理知识变化	知识转移		知识创造	
知识产生过程	单向学习		群体智慧	
核心能力素质	寻找确定性	盈利	发挥想象力	盈利

在传统治理模式中,地方政府对城市管理任务认知清晰,但技术公司对城市管理任务认知模糊,地方政府主要通过选择熟悉业务的技术公司或在信息系统开发过程中不断向技术公司传授城市管理业务知识,以便更好地让技术公司理解政府的管理意图和需要,并开发出适合的数字化产品。在这个过程中,地方政府与技术公司之间是委托代理关系,城市治理目标的达成依靠知识转移而不是知识生产,既技术公司向政府的单向知识学习。

相比之下,城市智能治理不再满足于知识转移,而是高度依赖知识生产和知识创造。主要原因是人工智能、大数据、区块链等新技术不断迭代更新的背景下,尽管技术公司比地方政府占有更多技术优势,但总体上看两者对不断推陈出新的新技术能够适用于城市治理中的哪些新场景，使用过程中会出现哪些新情况、新形势和新挑战，都缺乏经验。地方政府与技术公司对于新技术在城市智能治理中能够实现的新任务、发挥的新作用、孕育的新能力，所具备的知识都很模糊。因此，新技术应用高度依赖地方政府与技术公司在智能治理项目开发过程中的相互协同、相互启发，相应地，城市智能治理高度依赖两者协同、启发所创造出的新知识。因此，城市智能治理本质上是基于地方政府和技术公司"群体智慧"的知识再生产过程。地方政府与技术公司之间的关系也从委托代理变成了相互依赖。进一步地，从群体智慧的角度出发，智能治理时代的知识贡献者往往不局限于地方政府和技术公司这两类主体，知识创造过程在实践中表现出很强的包容性，很多好的创意可能来自地方政府、技术公司同其各自所属的社会网络中强连接或者是弱连接对象的碰撞、交流或商谈。由此可见，智能治理实际上对跨界别多元主体的协同治理提出了相当高的要求。

对于地方政府而言，一方面，弱连接更能帮助其有效打开关于城市智能治理的无限想象力，创造出更加丰富的应用场景，推动新技术对新治理的充分赋能。另一方面，地方政府对弱连接对象往往不熟悉、不了解、不信任，更多时候这些弱连接主体也不在政府可委托信息化项目对象目录中，为了规避政治风险，地方政府往往还是会路径依赖地去选择以往合作过的"伙伴"，甚至为了保障合作过程中的确定性，不惜找传统技术公司来开发智能治理项目，由此扼杀了更加开放、包容的协同治理网络在知识创新创造过程中可能带来的无限想象力。在此过程中，除了存在信息化建设中巨额行政资源投入可能带来的廉政风险外，更多的是政府管理者对政治风险的规避。综上所述，地方政府在选择和构建智能治理场景时需要平衡好确定性与想象力之间的关系。实践中，政府需要具备坚持"人民城市人民建，人民城市为人民"的人民城市重要理念，坚持问题导向、需求导向和效能导向，问政于民、问需于民、问计于民，提升构建符合智能治理需要的治理场景的基本能力和素养。值得注意的是，城市智能治理的场景涵盖政治、经济、社会、文化和生态建设等各个方面，需要跨部门协同发力，而不是拘泥于单个领域单个部门的特定场景。

第三，提升数据治理与使用能力。数据治理和使用的能力主要包括数据结构化、去重、清洗、验证、统计、可视化、画像和建模能力等。熟悉业务的工作人员需要能够用信息化部门人员听得懂的话表达自己的业务需求，在实战中不断提升自身的智能治理素养。一是提升公共管理者从混杂数据中获取有用信息的能力。超过半数人认为，数据是对客观世界的记录，信息是有意义的数据。智能治理本质上是治理不确定性，而及时精准全面地掌握信息是消除不确定性的关键，因此获取数据和信息的本领至关重要。数据中蕴含的信息是客观存在的，只有具备一定专业技能和专业知识的人才能够将其挖掘出来，这种专业技能和专业知识就是大数据应用能力。地方政府在开展治理活动中，经常遇到数据来源是多渠道的，数据类型是多样化的，有用的数据、无意义的数据和不真实的数据混杂在一起，这就需要政府公务人员有这样的意识并运用适当的技术删繁就简、去粗取精，保留有意义的数据并从中提取出有价值的信息。

二是提升公共管理者识别和运用数据间相关性的能力。其一是寻找并识别数据之间的相关性，在此基础上建立合适的模型，通过已知数据去推算未知数据，从而更有前瞻性地开展治理活动。如建立流感有关关键词搜索量与流感传播趋势之间的相关性，有助于预测流感传播的路径和区域并为公共卫生部门及早采取干预行动提供决策参考。其二是善于运用统计学思维来收集、处理和分析数据，寻找质量可靠、数据量充足且具有代表性的样本，挖掘数据间的关联性和规律性。其三是协同数学家和计算机领域工作者等专业人士，运用具有代表性的大样本构建出准确度较高的数学模型来辅助治理活动。在人工智能时代，智能化治理的效能很大程度上取决于数据挖掘和深度学习的水平。当然，公共管理者大多时候不需要自己会建模型，但是需要会使用模型并对模型输出结果与真实情况之间的契合程度有基本判断，并通过与技术人员的反复沟通，不断对模型进行修正和优化，以满足智能化治理的需要。

三是人工智能应用本质上意味着治理思维的深刻变革。理解并驾驭大数据、算力和算法综合作用下人工智能应用对治理范式的潜在颠覆性影响至关重要。传统治理活动受到精准化、公理化的"机械思维"影响，本质上是在确定性中寻找因果关系；智能治理在承认日益增多的不确定性的前提下，统筹考虑确定性与不确定性，不否认因果关系，但也致力于寻找强相关关系，实质上遵循的是"机械思维＋大数据思维"的复合型思维模式。实践中，用强相关性代替直接证据辅助取证工作的做法已经被广泛使用，如通过对比生活用电模式和生产用电模式，来查处在房间内种植大麻的人；通过监测用水模式的异常现象，来预警独居老人是否在家中发生意外等。这种精细化治理手段是通过将统计规律与个案特征进行对比的基础上得到的，而大数据时代智能化技术的应用降低了规律搜寻成本。

三、 提升公共部门雇员运用数据的能力

提升人工智能应用下地方政府智能化治理中公共部门雇员运用数据的能力，本质上是要跳出传统以信息记录、量化考核和统计分析为主要特征的城市管理模式，通过数据清洗、对比、集成、连接、关联和共享等一系列数据治理和算法赋能方式，将离散化、碎片化、低价值、杂乱无章的"人、物、动、态"数据变为海量采集、实时更新、包罗万象、较高质量的城市治理资源，服务于城市运行态势研判、业务赋能、决策驱动和预测预防等重点工作。因此，提升公共部门雇员运用数据的能力是实现地方政府智能治理绩效的最关键输出。

第一，加强研判态势的能力。态势研判能力强调公共管理者对城市运行状态和形势的及时感知和精准研判能力。随着城市规模的不断扩大、要素密度的加大和活动的加剧，城市的关联性、系统性和脆弱性也相应变大，各类风险隐患造成的损失也会随之增加。构建城市生命体征指标体系是科学评估城市中主体和要素态势的有效途径。城市生命体征就好比人的体检指标，生命体征指数就好比体检报告，通过显性、易采集、实时更新的城市生命体征数据，能够反映城市可能面临的经济、社会、生态环境等各方面的风险、危机和损失，推动构筑

城市安全预防体系、城市安全常态化管控和应急保障体系,推动实现科学化、精细化、智能化的长效管理和服务机制,保障经济高质量发展,社会有序运转,城市安全、韧性显著增强,人民生活水平持续提升。

第二,提升赋能业务的能力。智能技术赋能政府业务的本质是避免技术业务"两张皮",让智能技术为治理活动"赋能",而不是为地方政府提供"负能"。从赋能的类型来看:一是赋能服务,即赋能政府服务型业务提质增效,如加速行政审批、简化材料和流程等;二是赋能管理,即赋能政府管理类业务提质增效,如赋能监管部门加强对市场主体非正常经营活动的日常监管和精准执法等。要强化大数据赋能业务的能力,需要信息化管理部门和业务部门更紧密的日常沟通。从赋能的方向来看:其一是上下赋能,主要是上级政府与下级政府之间的纵向赋能。纵向赋能环节越完善,政府精细化服务和管理的能力越强。而且纵向赋能具有双向性,自上而下主要是数据赋能,自下而上主要是处置赋能,并形成纵向的智能治理闭环。其二是左右赋能,主要是横向部门之间的相互赋能。以往解决跨部门业务协同的方式主要是通过大部制改革将跨部门业务内部化,降低组织间沟通协调成本。但体制改革兴师动众,部门间从"物理整合"到"化学融合"耗时漫长,有时甚至还没有完成彻底融合就进入了下一轮机构改革,对于快速技术迭代背景下治理效能的提升作用有限。因此,迫切需要在智能治理背景下探索横向部门间业务赋能的常态化运行机制,形成有效的业务模式,通过运作创新克服机构改革的不足。从赋能的主体上看,还需要关注条块赋能。如中央派驻单位物理上坐落于具体的城区和街道内,但实际上却很难受到地方管理活动的影响。导致某些在辖区内开展的管理服务活动无法形成最小闭环,治理资源无法就近匹配,条块联动的优势难以发挥。因此,通过先行先试的方式探索条块赋能的创新做法与典型经验,再通过渐进式改革的方式在条件成熟的地区进行复制推广,显得至关重要。

第三,提升驱动决策的能力。运用智能技术驱动决策本质上能够实现三个方面的功能:一是通过呈现更加全面的决策信息来缩短决策时间,减少在等待过程中消耗的经济社会成本。二是提高决策精度，如政府运用智能算法对消费者餐饮消费评价进行大数据分析，能够精准捕捉到哪些餐饮单位可能存在食品安全风险，这些数据已经被国内外不少城市的食品安全监管部门作为重要的事中事后监管线索来源。三是提升决策的完整性。在传统治理情境下，公共政策实施效果往往需要通过时间来证明，有时候政策结果与政策预期相去甚远，但此时进行政策纠偏，利益受损者的损失已经发生，很难再回到事前状态。在智能治理情境下，地方政府可以通过政策模拟、政策社会风险评估等方式，事前了解政策可能造成的正面和负面影响及其波及范围，从而形成更加周全的政策考虑并完善相应的配套方案。

第四，提升预测预防的能力。"凡事预测立，不预则废。"地方政府运用大数据和智能技术提升对城市的预测、预报、预警和预防能力，是智能治理的重要目标。提高预测预防能力既要有业务数据的沉淀，也要具备数据关联和业务建模的能力。国内地方政府智能化治理中的预测、预报、预警和预防能力还相对薄弱，这跟技术能力对政府业务嵌入较浅、建模能力较弱有着密切关系。因此，提升预测预防能力，实际上是在地方政府在提升智能治理综合能力基础上的更高要求，也是城市智能治理不懈追求的目标。

四、 提升公共部门雇员的底层数据能力

公共部门雇员的府层数据能力主要指贯穿获取数据、分析数据与运用数据全过程的智能治理能力，决定了智能治理的"底座"有多坚实，决定了城市智能治理的持续发展水平。具体包括三个方面的能力：防范数据风险的能力、融入人文精神的能力和厚实技术家底的能力。

第一，防范数据风险的能力，具体包括数据采集、存储、处理和消灭整个过程中的安全风险防范能力。地方政府部门手中握有公权力，尤其需要增强防范和抵御数据过度采集、超权限访问、不当分析使用甚至滥用等造成的安全风险的能力。一是完善数据安全风险防范体系建设的顶层设计，自上而下推动数据

安全体系建设,拉齐部门差距,夯实安全建设较为薄弱的部门和层级,为数据安全风险防范提供硬件保障。二是强化政府雇员的数据安全意识,避免因操作疏漏、麻痹大意和细节疏忽等造成的公民信息的过度曝光。重点强化基层干部数字素养和智能治理能力,将更多信息化、数字化、智能化培训和安全教育机会向基层干部倾斜,确保他们手中掌握的公民信息被安全使用。三是培育敬畏数据的文化。政府雇员越来越多的隐性数据权力不仅会增加数据不规范使用的概率,而且会增加当事人的数据职务风险。因此,约束好自我行为既是对公职和数据的敬畏,也是对自己的保护。与此同时,针对具有公共数据查看、使用、管理超级权限的政府工作人员违规、因私启动权限查看数据的行为,应当建立明确的问责机制并给予相应的惩罚。

第二,融入人文精神的能力。科学技术的生命力是让人类生活变得更加有趣、更有温度、更有效率和更有意义,而不是对人类实施更加严密的、冰冷的监视和干扰。为了避免技术给人类社会带来不可逆转的负面影响,技术的使用者必须将人文关怀与人性价值融入技术使用过程中。一是体现技术治理温度。政府雇员应当将技术作为自身听力、目力、嗅力和脚力的延伸,更全情、更投入、更充分地感知公共需求,拥抱公众智慧,以更加开放、透明、务实的态度用好新技术搭建起的高效协商、沟通和问政的各种渠道,吸纳更多民众参与公共议题决策过程,培育信任基础和协同文化。二是弥合数字鸿沟。通过保留线下服务、培育数字体验官、完善国民数字能力提升志愿服务等,帮助老年人、残疾人等群体跨越数字鸿沟,享受发展红利。

第三,厚实技术家底的能力。一是加强技术储备,包括宏观层面国家总体的人工智能技术储备,以及地方政府微观治理活动的智能化技术储备。充足的技术储备既能够让我们对外不被发达国家钳制,又能够帮助地方政府在应对新冠肺炎疫情等超常规突发事件时更加沉着冷静。二是完善智能治理生态,具体包括两大循环:其一是"小循环",即"地方实践创新—地方制度创新—地区间实践推广—国家层面制度创新"的政府内部循环。其二是"大循环",即构筑"智慧政府—智慧市场—智慧社会"大循环，实现新型基础设施、人工智能技术、高端专业人才、海量内外部数据和多样化资源的大流动、大共享和大发展。

第四节　构建"敏捷—包容—负责"的政府智能治理生态

面向未来，建议营造更加负责、更可预期、更加高效、更易推广的以"敏捷—包容—负责"为基本原则的地方政府智能化治理生态（见图5-3）。其中，"敏捷"突出强调地方政府在创新发展人工智能应用时能够灵活应对各种风险挑战、不确定性和不可预期性，强调地方政府智能化治理体系能够较为自如地实现"平战"转换。"包容"是指在新技术所带来的影响高度不确定的客观背景下，地方政府应当包容更多的治理主体、包容更具创造力的行为，包容更广阔、更丰富、更大胆的治理想象，从而设计出更具前瞻性和更有韧性的治理方案。"负责"是指地方政府智能化治理生态中的主体及其行为都应当是负责任的并且是可被问责的。

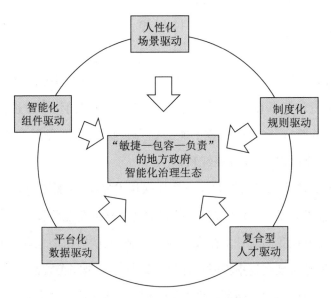

图5-3　智能化治理生态愿景

从政府内部来看,"敏捷—包容—负责"的地方政府智能化治理生态的形成,离不开制度化规则驱动、人性化场景驱动、智能化组件驱动、平台化数据驱动和复合型人才驱动五大关键竞争力的协同作用。

第一,制度化规则驱动。具体策略包括:加快推动人工智能应用的制度化进程,持续完善通用规则设计;强化基础性制度安排下的制度化调适,有效应对治理"真空"问题;持续优化制度结构和效力,以制度建设驱动敏捷治理以从容应对新技术的未知影响等。

第二,人性化场景驱动。具体策略包括:在场景设计上注重均衡吸收政府内外部"用户"的观点和意见;在场景开发上,既要注重常态化应用场景开发,更要注重新冠肺炎疫情等突发事件下的智能化应用场景开发,以更好挖掘人工智能在疫情防控中的技术优势。对于价值有涉的应用场景,采取审慎进入和适度抽离策略。对于遭到算法歧视、算法偏见、数据侵权等问题的公众,政府应当给予适当的权利救济。

第三,智能化组件驱动。主要策略是将应用成熟的人工智能解决方案模块化、标准化,使其对不同地域类似问题具有更强的适应性和通用性,以充分发挥智能化治理生态中的各类资源,将"零敲散打"异质性模块转变为标准化的通用模块和组件,从而极大提升智能化应用的"组装"能力。

第四,平台化数据驱动。主要策略包括:完善底层数据架构,提升基础数据库数据质量并实现"数出同源";以平台思维推动数据流通、数据共享和数据融合,综合运用"可用不可见"等机制赋能基层政府和各职能部门。

第五,复合型人才驱动。具体策略包括:在政府内部优先选拔懂技术又懂业务的人才;强化政府、技术企业和科研机构的跨界协同,为智能化领域的高端人才提供更加灵活的人才"旋转门";提升全民数字素养,为地方政府开展智能化治理提供良好的国民基础能力。

从政府外部来看,现代政府将日趋开放、整合和协同,人工智能等新一代信息技术能够在推动政府充分开放、高效整合和充分协同等方面发挥更加积极的技术赋能作用，为连接政府、市场和社会提供更加安全、可靠、高效的技术底座。同时，地方政府还能以城市有机体和复杂公共事务的智能化治理实践倒逼更加完备和成熟的人工智能技术突破和应用创新，为经济活动和社会发展源源不断地注入活力，从而构筑政府、市场和社会相互赋能、有机循环、互为裨益的智能化治理生态系统。

参考文献

[1] 阿莱克斯·彭特兰. 智慧社会:大数据与社会物理学[M]. 杭州:浙江人民出版社,2015.

[2] 本清松,彭小兵. 人工智能应用嵌入政府治理:实践、机制与风险架构——以杭州城市大脑为例[J]. 甘肃行政学院学报,2020(3):29—42+125.

[3] 蔡德发,李娟. 地方政府的"智能+"社区治理困境及路径研究[J]. 商业经济,2020(11):148—150.

[4] 蔡振华,赵友华. 人工智能时代的公共服务需求治理:动力与方向[J]. 宁夏社会科学,2020(2):47—54.

[5] 陈景辉. 人工智能的法律挑战:应该从哪里开始?[J]比较法研究,2018(5):136—148.

[6] 陈鹏. 人工智能时代的政府治理:适应与转变[J]. 电子政务,2019(3):27—34.

[7] 陈潭,廖令剑. 人工智能时代政府治理的挑战与回应[J]. 行政论坛,2021,28(6):78—86.

[8] 陈振明. 政府治理变革的技术基础——大数据与智能化时代的政府改革述评[J]. 行政论坛,2015,22(6):1—9.

[9] [美]达雷尔·M. 韦斯特. 下一次浪潮:信息通信技术驱动的社会与政治创新[M]. 上海:上海远东出版社,2012.

[10] 邓曦泽. 主体技术政治学论纲:一种新型权力的诞生[J]. 江海学刊,2021(5):23—31.

[11] [法]米歇尔·福柯. 规训与惩罚[M]. 刘北成,杨远婴,译. 北京:生

活·读书·新知三联书店,2016.

[12] 冯洋.从隐私政策披露看网站个人信息保护——以访问量前 500 的中文网站为样本[J].当代法学,2019(6):64—74.

[13] 高东方.体医结合背景下 AI 智慧健身社区的构建与应用对策研究[J].当代体育科技,2022,12(1):98—102.

[14] 高富平.个人信息保护:从个人控制到社会控制[J].法学研究,2018(3):84—101.

[15] 高文勇.人工智能应对突发事件的精准治理:基于"结构—过程"维度的要素分析[J].学术探索,2021(8):85—95.

[16] 高小平.智能行政:行政管理体制改革的巨大动力[J].信息化建设,2006(7):32—34.

[17] 谷建阳.AI 人工智能:发展简史+技术案例+商业应用[M].北京:清华大学出版社,2018:2—3.

[18] 谷兆阳.新加坡人工智能监管模式框架[J].南洋资料译丛,2019(4):57—74.

[19] 郭跃,洪婧诗,何林晟.政府采纳人脸识别技术的政策反馈解释:基于杭州与旧金山的案例比较[J].公共行政评论,2021,14(5):159—177+200.

[20] 韩梓轩,彭康珺,孙源,章昌平.数字空间政府引致的公务员思维方式的转变[J].公共管理与政策评论,2021,10(4):84—93.

[21] 何哲.面向未来的公共管理体系:基于智能网络时代的探析[J].中国行政管理,2017,(11):100—106.

[22] 何哲.人工智能时代的政务智慧转型[J].北京行政学院学报,2018(1):52—59.

[23] 何哲.人工智能时代的社会转型与行政伦理:机器能否管理人?[J]电子政务,2017(11):2—10.

[24] 何哲.新信息时代中央地方职能与纵向治理结构变革趋势探析[J].

电子政务,2019(12):35—43.

[25] 洪丹娜. 算法歧视的宪法价值调适:基于人的尊严[J]. 政治与法律, 2020(8):27—37.

[26] 胡洪彬. 人工智能时代政府治理模式的变革与创新[J]. 学术界,2018 (4):75—87.

[27] 胡税根,王汇宇. 智慧政府治理的概念、性质与功能分析[J]. 厦门大 学学报(哲学社会科学版),2017(3):99—106.

[28] 华义. 日本雄心:超智能社会[N]. 文摘报,2021-5-18(3).

[29] 黄钰婷. 基于定性比较的创新数字政府建设组合路径研究[J]. 技术 与创新管理,2021, 42(5):519—526+535.

[30] 惠仲阳. 日本发布第11期科学技术预测报告[J]. 科技政策与咨询快 报,2020(1):7—12.

[31] 贾开,蒋余浩. 人工智能治理的三个基本问题:技术逻辑、风险挑战与 公共政策选择[J]. 中国行政管理,2017(10):40—45.

[32] 雷鸿竹,王谦. 技术赋能、用户驱动与创新实践:智能时代下政府治理 模式创新[J].《西南民族大学学报(人文社会科学版)》,2021, 42(2):234—240.

[33] 李开复. AI·未来[M]. 杭州:浙江人民出版社,2018:171—196.

[34] 李良成,李雨青. 人工智能嵌入政府治理的风险及其规避[J]. 华南理 工大学学报(社会科学版),2021, 23(5):1—13.

[35] 李明,曹海军. 中国央地政府人工智能政策比较研究——一个三维分 析框架[J]. 情报杂志,2020, 39(6):96—103+53.

[36] 刘鹏,王力. 回应性监管理论及其本土适用性分析[J]. 中国人民大学 学报,2016(1):91—101.

[37] 李修全. 智能化变革:人工智能技术进化与价值创造[M]. 北京:清华 大学出版社,2021:7.

[38] 李水金. 2050年政府治理的新图景:基于"时—空—技术"三维演化的

视角[J]. 中共天津市委党校学报,2020,22(3):76—85.

[39] 李晓夏,赵秀凤. 人工智能时代的"政府生态"治理现代化[J]. 电子政务,2019(10):89—98.

[40] 梁成意,齐彩文. 大数据时代个人信息保护的执法困境与选择[J]. 天水行政学院学报,2019(1):54—58.

[41] 刘波. 人工智能对现代政治的影响[J]. 人民论坛,2018(2):30—32.

[42] 刘宪权. 人工智能时代的"内忧"与"外患". //刘宪权. 人工智能:刑法的时代挑战[M]. 上海:上海人民出版社,2018:3—16.

[43] 刘小霞,陈秋月. 大数据时代的网络搜索与个人信息保护[J]. 现代传播,2014(5):125—128.

[44] 柳亦博. 人工智能阴影下:政府大数据治理中的伦理困境[J]. 行政论坛,2018,25(3):97—103.

[45] 马英娟. 政府监管机构研究[M]. 北京:北京大学出版社,2007:22.

[46] [美]布莱恩·阿瑟. 技术的本质:技术是什么,它是如何进化的[M]. 曹东溟,王健,译. 杭州:浙江人民出版社,2018.

[47] [美]简·芳汀. 构建虚拟政府:信息技术与制度创新[M]. 邵国松,译. 北京:中国人民大学出版社,2010:19.

[48] [美]史蒂芬·卢奇,丹尼·科佩克. 人工智能(第2版)[M]. 林赐,译. 北京:人民邮电出版社,2018:第1版前言.

[49] [美]约翰·D. 多纳休,理查德·J. 泽克豪泽. 合作:激变时代的合作治理[M]. 徐维,译. 北京:中国政法大学出版社,2015.

[50] [美]朱迪·弗里曼. 合作治理与新行政法[M]. 毕洪海,陈标冲,译. 北京:商务印书馆,2010.

[51] 米加宁,章昌平,李大宇,徐磊. "数字空间"政府及其研究纲领——第四次工业革命引致的政府形态变革[J]. 公共管理学报,2020,17(1):1—17+168.

[52] 任蓉. 算法嵌入政府治理的风险及其防控[J]. 电子政务,2021(7)：31—41.

[53] [日]植草益. 微观规制经济学[M]. 朱绍文,胡欣欣,等译校. 北京：中国发展出版社,1992:1.

[54] 单勇. 跨越"数字鸿沟"：技术治理的非均衡性社会参与应对[J]. 中国特色社会主义研究,2019(5):68—75＋82＋2.

[55] 商瀑. 从"智人"到"恶人"：机器风险与应对策略——来自阿西洛马人工智能原则的启示[J]. 电子政务,2020(12):69—76.

[56] 上海市法学会、浙江清华长三角研究院. 世界人工智能法治蓝皮书. 上海：上海人民出版社,2019.

[57] 沈霄,王国华. 基于整体性政府视角的新加坡"智慧国"建设及启示[J]. 情报杂志,2018, 37(11):69—75.

[58] 史为民. 大数据时代个人信息保护的现实困境与路径选择[J]. 情报杂志,2013(12):155—159.

[59] 宋华琳. 代译序：迈向规制与治理的法律前沿. //[英]科林·斯科特. 规制、治理与法律：前沿问题研究[M]. 安永康,译. 宋华琳,校. 北京：清华大学出版社,2018:13.

[60] 宋伟,夏辉. 地方政府人工智能产业政策文本量化研究[J]. 科技管理研究,2019, 39(10):192—199.

[61] 谭九生,杨建武. 人工智能嵌入政府治理的伦理风险及其防控[J]. 探索,2021(2):126—138.

[62] 唐新华. 技术政治时代的权力与战略[J]. 国际政治科学,2021, 6(2)：59—89.

[63] 汤志伟,雷鸿竹,郭雨晖. 政策工具——创新价值链视角下的我国地方政府人工智能产业政策研究[J]. 情报杂志,2019, 38(5):49—56.

[64] 腾讯研究院,中国信通院互联网法律研究中心,腾讯 AI Lab,腾讯开

放平台.人工智能[M].北京：中国人民大学出版社，2019.

[65] 童天湘.论智能革命——高技术发展的社会影响[J].中国社会科学，1988(6)：3—17.

[66] 王锋.智慧社会中的政府规模探究[J].南通大学学报(社会科学版)，2019，35(3)：50—56.

[67] 王怀勇，邓若翰.算法行政：现实挑战与法律应对行政[J].法学研究，2022(4)：104—118.

[68] 王玲.日本《科学技术基本计划》制定过程浅析[J].全球科技经济瞭望，2017，32(4)26—34＋68.

[69] 王玲.日本政府发布《科学技术创新基本计划》[J].科技中国，2021(6)：93—95.

[70] 王玲.日本政府如何布局发展人工智能[J].科技中国，2020(12)：31—33.

[71] 王文玉.算法嵌入政府治理的优势、挑战与法律规制[J].华中科技大学学报(社会科学版)，2021，35(4)：26—36.

[72] 王彦雨，高芳.主要国家人工智能技术发展路线图规划模式及启示[J].中国科技论坛，2022(1)：180—188.

[73] 王友奎，赵雪娇，张楠.政务服务中智能问答机器人创新扩散的影响因素研究——基于事件史分析[J].电子政务，2019(12)：75—85.

[74] 吴蔚.美国政府2021财年预算申请增加人工智能和量子科技研发投资[N].中国航空报，2020-2-25(A09).

[75] 吴梓源，游钟豪.AI侵权的理论逻辑与解决路径——基于对"技术中立"的廓清[J].福建师范大学学报(哲学社会科学版)，2018，212(5)：69—80＋173.

[76] 徐国冲，霍龙霞.食品安全合作监管的生成逻辑——基于2000—2017年政策文本的实证分析.公共管理学报，18—30，46.

[77] 徐婧. 新加坡国家人工智能战略聚焦 5 项计划[J]. 科技政策与咨询快报,2020(1):14—17.

[78] 徐婧,吴浩,唐川. 人工智能在国防领域的应用与进展[J]. 飞航导弹,2021(3):87—92.

[79] 徐琳,徐超. 人工智能时代政治权力的双重面相[J]. 兰州大学学报(社会科学版),2020,48(1):56—63.

[80] 颜佳华,王张华. 技术进步推动行政文化创新的作用机理研究——基于耗散结构理论的视角[J]. 吉首大学学报(社会科学版). 2019,40(1):22—29.

[81] 杨建武. 人工智能嵌入政府治理的责任困境及其政策纾解[J]. 西南民族大学学报(人文社会科学版),2022,43(4):192—200.

[82] 杨述明. 新时代国家治理现代化的智能社会背景[J]. 江汉论坛. 2018(3):11—23.

[83] 叶岚. 大城市网格化管理研究[M]. 北京:人民出版社,2019:99—100.

[84] 叶岚. 智能技术驱动城市高效能善治[N]. 社会科学报,2022-2-24(3).

[85] [英]科林·斯科特. 规制、治理与法律:前沿问题研究[M]. 安永康,译. 宋华琳,校. 北京:清华大学出版社,2018:13—14.

[86] 岳楚炎. 人工智能革命与政府转型[J]. 自然辩证法通讯,2019,41(1):21—25.

[87] 在十九届中央政治局第二次集体学习时的讲话(2017 年 12 月 8 日)[N]. 人民日报,2017-12-10.

[88] 张爱军,王首航. 数字媒体在政治传播中的权力构建[J]. 河南社会科学,2020,28(4):110—118.

[89] 章贵桥,陈志斌,徐宗宇. 人工智能发展、政府会计功能拓展与数字政府治理体制的完善[J]. 中国行政管理,2022(1):48—54.

[90] 张杰. 人工智能时代大学教学伦理困境及其治理[J]. 重庆邮电大学学报(社会科学版),2021,33(6):89—96.

[91] 张珺. 个人信息保护：超越个体权利思维的局限[J]. 大连理工大学学报(社会科学版),2021(1):90—97.

[92] 张凌寒. 风险防范下算法的监管路径研究[J]. 交大法学,2018(4):49—62.

[93] 张龙辉,肖克,王寒. 人工智能应用下的特大城市边缘城区治理:技术变革、价值隐忧与技术路径[J]. 电子政务,2020(9):15—28.

[94] 张文显. 构建智能社会的法律秩序[J]. 东方法学,2020(5):8.

[95] 张欣. 算法解释权与算法治理路径研究[J]. 中外法学,2019,31(6):1425—1445.

[96] 张伟,李国祥. 环境分权体制下人工智能对环境污染治理的影响[J]. 陕西师范大学学报(哲学社会科学版),2021,50(3):121—129.

[97] 曾坚朋,张双志,张龙鹏. 中美人工智能政策体系的比较研究——基于政策主体、工具与目标的分析框架[J]. 电子政务,2019(6):13—22.

[98] 赵继娣,曲如杰,王蕾,丁智强. 城市数字化转型中的社会风险演化及防范对策研究[J]. 电子政务,2022(6):111—124.

[99] 郑容坤,汪伟全. 人工智能政治风险的意蕴与生成[J]. 江西社会科学,2020,40(5):217—225.

[100] 之江实验室. 探路智慧社会:人工智能赋能社会治理[M]. 北京:中国科学技术出版社,2021.

[101] 中共中央印发《深化党和国家机构改革方案》[N]. 人民日报,2018-3-22.

[102] Burrell J. How the machine "thinks": understanding opacity in machine learning algorithms[J]. Big data & Society, 2015, 3(1):1—12.

[103] Carl Benedikt Frey & Michael A. Osborne. The future of employment: How susceptible are jobs to computerisation? [J]. Oxford Martin Programme on technology and employment, September 17, 2013, https://www.

oxfordmartin.ox.ac.uk/downloads/academic/The_Future_of_Employment.pdf.

[104] Coglianese, Cary and Mendelson, Evan. Meta-Regulation and Self-Regulation[J]. //Robert Baldwin, Martin Cave and Martin Lodge(eds.). The Oxford Handbook of Regulation, Oxford: Oxford University Press, 2010: 146—153.

[105] Danielle Keats Citron. Technological Due Process[J]. Washington University Law Review, 2008, 85(6):1256.

[106] Federal Trade Commission U.S. Privacy Online: A Report to Congress[R]. June 1998:1—71.

[107] Janger, Edward J. and Schwartz, Paul M. The Gramm-Leach-Bliley Act, Information Privacy, and the Limits of Default Rules [J]. Minnesota Law Review, 2002, 86:1219—1247.

[108] Layne, Karen and Jungwoo Lee. Developing Fully Functional E-government: A Four Stage Model[J]. Government Information Quarterly 2001, 18:122—136.

[109] Mashaw, Jerry L. Prodelegation: Why Administrators Should Make Political Decisions[J]. Journal of Law, Economics & Organization, 1985, 1(1):81—100.

[110] Merrill, Thomas W. Capture Theory and the Courts: 1967—1983 [J]. Chicago-Kent Law Review, 1997, 72(4):1039—1117.

[111] Mikhaylov, Slava Jankin, Marc Esteve, and Averill Campion. Artificial intelligence for the public sector: opportunities and challenges of cross-sector collaboration[J]. Philosophical Transactions of the Royal Society A: Mathematical, Physical & Engineering Sciences, 2018, 376(2128):1—21.

[112] Orbach, Barak. What is Regulation? [J]. Yale Journal On Regulation Online, 2012, 30(1):1—10.

〔113〕 Reidenberg,Joel R. Resolving Conflicting International Data Privacy Rules in Cyberspace〔J〕. Standford Law Review, 2000, 52 (5): 1315—1371.

〔114〕 Rothwell R & Zegveld W. An assessment of government innovation policies〔J〕. Review of Policy Research, 1984, 3(3/4):436—444.

〔115〕 Rurgess M. UK police are using AI to inform custodial decisions—but it could be discriminating against the poor〔R〕. WIRED, 2018.

〔116〕 Selznick,Philip. Focusing Organizational Research on Regulation 〔J〕. // Noll,Roger G. Regulatory Policy and the Social Sciences, Berkeley: University of California Press, 1985:363.

〔117〕 Schwartz,Paul M. Preemption and Privacy〔J〕. The Yale Law Journal, 2009, 118(5):902—947.

〔118〕 Vibert,Frank. The New Regulatory Space: Reframing Democratic Governance〔M〕. Cheltenham: Edward Elgar, 2014:9—10.

后　记

　　本书立足于三年多的田野调查,对人工智能应用与地方政府智能化治理作出了深入的思考,具有较强的理论和实践意义。本书致力于为从事公共管理、城市治理、新技术治理等学术研究领域的科研工作者提供创新思路和研究启发;为从事人工智能政策制定、推动数字政府建设、推动城市数字化转型的实务工作者开拓工作思路,丰富应用场景;为主讲精细化、智能化治理和新技术应用能力等相关课程的党校和高校教师提供比较视野中的教学材料。本书还将满足那些对新技术在公共领域应用存在浓厚兴趣的读者,满足他们对新技术何以影响城市发展的好奇心。

　　本书的研究和写作过程正直人工智能等新一代信息技术在政府治理和城市治理等领域的广泛嵌入和应用场景的迭代创新,人工智能应用与地方政府智能化治理正处于理论与实践相互碰撞螺旋上升的发展阶段,快速发展的实践进程不断对理论工作者提出全新的需求,也对跨界合作提出了前所未有的期待!

　　最后,诚挚感谢为本书的研究、调研、写作、校对和出版等工作提供大力支持和帮助的各界人士!

叶　岚

2022 年 10 月

图书在版编目(CIP)数据

数智时代:AI 应用与地方政府智能治理/叶岚著
.—上海:上海人民出版社,2023
ISBN 978 - 7 - 208 - 18094 - 9

Ⅰ.①数… Ⅱ.①叶… Ⅲ.①人工智能-应用-地方
政府-行政管理-中国 Ⅳ.①D625 - 39

中国版本图书馆 CIP 数据核字(2022)第 248154 号

责任编辑 刘 宇
封面设计 汪 昊

数智时代:AI 应用与地方政府智能治理
叶 岚 著

出　　版　上海人民出版社
　　　　　(201101　上海市闵行区号景路 159 弄 C 座)
发　　行　上海人民出版社发行中心
印　　刷　上海商务联西印刷有限公司
开　　本　720×1000　1/16
印　　张　12
插　　页　2
字　　数　152,000
版　　次　2023 年 2 月第 1 版
印　　次　2023 年 2 月第 1 次印刷
ISBN 978 - 7 - 208 - 18094 - 9/D・4063
定　　价　48.00 元